2019 年 3 月 5 日，第十三屆全國人民代表大會第二次會議在北京人民大會堂開幕。國務院總理李克強作政府工作報告。

圖解 2019 中國

「政府工作報告」

目　錄
CONTENTS

政府工作報告

——2019 年 3 月 5 日在第十三屆全國人民
代表大會第二次會議上

國務院總理　李克強

各位代表：

現在，我代表國務院，向大會報告政府工作，請予審議，並請全國政協委員提出意見。

一、2018 年工作回顧

過去一年是全面貫徹黨的十九大精神開局之年，是本屆政府依法履職第一年。我國發展面臨多年少有的國內外複雜嚴峻形勢，經濟出現新的下行壓力。在以習近平同志為核心的黨中央堅強

習近平等黨和國家領導人出席開幕式

李克強離席作政府工作報告

2018 年《政府工作報告》量化指標任務落實情況

領導下，全國各族人民以習近平新時代中國特色社會主義思想為指導，砥礪奮進，攻堅克難，完成全年經濟社會發展主要目標任務，決勝全面建成小康社會又取得新的重大進展。

——經濟運行保持在合理區間。國內生產總值增長 6.6%，總量突破 90 萬億元。經濟增速與用電、貨運等實物量指標相匹配。居民消費價格上漲 2.1%。國際收支基本平衡。城鎮新增就業 1,361 萬人、調查失業率穩定在 5% 左右的較低水平。近 14 億人口的發展中大國，實現了比較充分的就業。

——經濟結構不斷優化。消費拉動經濟增長作用進一步增強。服務業對經濟增長貢獻率接近 60%，高技術產業、裝備製造業增速明顯快於一般工業，農業再獲豐收。單位國內生產總值能耗下降 3.1%。質量和效益繼續提升。

——發展新動能快速成長。嫦娥四號等一批重大科技創新成果相繼問世。新興產業蓬勃發展，傳統產業加快轉型升級。大眾創業萬眾

嫦娥四號成功發射

創新深入推進，日均新設企業超過 1.8 萬戶，市場主體總量超過 1 億戶。新動能正在深刻改變生產生活方式、塑造中國發展新優勢。

經濟運行保持在合理區間

- 國內生產總值增長 6.6%，總量突破 90 萬億元
- 居民消費價格上漲2.1%
- 國際收支基本平衡
- 城鎮新增就業1,361 萬人、調查失業率穩定在5%左右的較低水平

經濟結構不斷優化

- 消費拉動經濟增長作用進一步增強
- 服務業對經濟增長貢獻率接近60%，高技術產業、裝備製造業增速明顯快於一般工業，農業再獲豐收
- 單位國內生產總值能耗下降3.1%
- 質量和效益繼續提升

發展新動能快速成長

- 嫦娥四號等一批重大科技創新成果相繼問世
- 新興產業蓬勃發展，傳統產業加快轉型升級
- 日均新設企業超過1.8萬戶，市場主體總量超過1億戶
- 新動能正在深刻改變生產生活方式、塑造中國發展新優勢

數讀
2018年
工作成就

改革開放取得新突破

- 國務院及地方政府機構改革順利實施
- 重點領域改革邁出新的步伐，營商環境國際排名大幅上升
- 對外開放全方位擴大，共建「一帶一路」取得重要進展
- 首屆中國國際進口博覽會成功舉辦，海南自貿試驗區啟動建設
- 貨物進出口總額超過30萬億元，實際使用外資1,383億美元、穩居發展中國家首位

三大攻堅戰開局良好

- 宏觀槓桿率趨於穩定，金融運行總體平穩
- 農村貧困人口減少1,386 萬，易地扶貧搬遷280 萬人
- 細顆粒物（$PM_{2.5}$）濃度繼續下降，生態文明建設成效顯著

人民生活持續改善

- 居民人均可支配收入實際增長6.5%
- 提高個人所得稅起徵點，設立6項專項附加扣除
- 加大基本養老、基本醫療等保障力度，資助各類學校家庭困難學生近1億人次
- 棚戶區住房改造620 多萬套，農村危房改造190萬戶
- 城鄉居民生活水平又有新提高

製圖：新華網

首屆中國國
際進口博覽
會舉辦

——改革開放取得新突破。國務院及地方政府機構改革順利實施。重點領域改革邁出新的步伐，市場准入負面清單制度全面實行，簡政放權、放管結合、優化服務改革力度加大，營商環境國際排名大幅上升。對外開放全方位擴大，共建「一帶一路」取得重要進展。首屆中國國際進口博覽會成功舉辦，海南自貿試驗區啟動建設。貨物進出口總額超過 30 萬億元，實際使用外資 1,383 億美元、穩居發展中國家首位。

脫貧攻堅邁
出更加堅實
的步伐

——三大攻堅戰開局良好。防範化解重大風險，宏觀槓桿率趨於穩定，金融運行總體平穩。精準脫貧有力推進，農村貧困人口減少 1,386 萬，易地扶貧搬遷 280 萬人。污染防治得到加強，細顆粒物（$PM_{2.5}$）濃度繼續下降，生態文明建設成效顯著。

——人民生活持續改善。居民人均可支配收入實際增長 6.5%。提高個人所得稅起徵點，設立 6 項專項附加扣除。加大基本養老、基本醫療等保障力度，資助各類學校家庭困難學生近 1 億人次。棚戶區住房改造 620 多萬套，農村危房改造 190 萬戶。城鄉居民生活水平又有新提高。

我們隆重慶祝改革開放 40 週年，深刻總結改革開放

的偉大成就和寶貴經驗，鄭重宣示在
新時代將改革開放進行到底的堅定決
心，激勵全國各族人民接續奮鬥，再
創新的歷史偉業。

慶祝改革開放　海外看中國:
40 週年大會　中國改革開放
在京隆重舉行　成績亮眼

　　回顧過去一年，成績來之不易。我們面對的是深刻變
化的外部環境。經濟全球化遭遇波折，多邊主義受到衝
擊，國際金融市場震盪，特別是中美經貿摩擦給一些企業
生產經營、市場預期帶來不利影響。我們面對的是經濟轉

[延伸閱讀]

6項專項附加扣除

　　個人所得稅專項附加扣除（簡稱個稅專項附加扣除），是指個人
所得稅法規定的子女教育、繼續教育、大病醫療、住房貸款利息或者
住房租金、贍養老人等6項專項附加扣除。這是落實新修訂的個人所
得稅法的配套措施之一。

　　2018年9月6日，國務院常務會議確定落實新修訂的個人所得稅
法的配套措施，為廣大群眾減負。會議指出，要在確保2018年10月
1日起如期將個稅基本減除費用標準由3500元提高到5000元並適用新稅
率表的同時，抓緊按照讓廣大群眾得到更多實惠的要求，明確子女教
育、繼續教育、大病醫療、住房貸款利息或者住房租金、贍養老人等
6項專項附加扣除的具體範圍和標準，使群眾應納稅收入在減除基本
費用標準的基礎上，再享有教育、醫療、養老等多方面附加扣除，確
保扣除後的應納稅收入起點明顯高於5000元，進一步減輕群眾稅收負
擔，增加居民實際收入、增強消費能力。2018年12月22日，《國務院
關於印發個人所得稅專項附加扣除暫行辦法的通知》發佈，自2019年
1月1日起施行。

型陣痛凸顯的嚴峻挑戰。新老矛盾交織，週期性、結構性問題疊加，經濟運行穩中有變、變中有憂。我們面對的是兩難多難問題增多的複雜局面。實現穩增長、防風險等多重目標，完成經濟社會發展等多項任務，處理好當前與長遠等多種關係，政策抉擇和工作推進的難度明顯加大。經過全國上下共同努力，我國經濟發展在高基數上總體平穩、穩中有進，社會大局保持穩定。這再次表明，在中國共產黨領導下，中國人民有戰勝任何艱難險阻的勇氣、智慧和力量，中國的發展沒有過不去的坎。

　　一年來，我們深入貫徹以習近平同志為核心的黨中央決策部署，堅持穩中求進工作總基調，統籌穩增長、促改革、調結構、惠民生、防風險，穩妥應對中美經貿摩擦，著力穩就業、穩金融、穩外貿、穩外資、穩投資、穩預期，主要做了以下工作。

　　一是創新和完善宏觀調控，經濟保持平穩運行。面對新情況新變化，我們堅持不搞「大水漫灌」式強刺激，保持宏觀政策連續性穩定性，在區間調控基礎上加強定向、相機調控，主動預調、微調。堅持實施積極的財政政策，著力減稅降費、補短板調結構。下調增值稅稅率，擴大享受稅收優惠小微企業範圍，出台鼓勵研發創新等稅收政策。全年為企業和個人減稅降費約 1.3 萬億元。優化財政

支出結構，盤活財政存量資金，重點領域支出得到保障。堅持實施穩健的貨幣政策，引導金融支持實體經濟。針對融資難融資貴問題，先後 4 次降低存款準備金率，多措並舉緩解民營和小微企業資金緊張狀況，融資成本上升勢頭得到初步遏制。及時應對股市、債市異常波動，人民幣匯率基本穩定，外匯儲備保持在 3 萬億美元以上。

二是紮實打好三大攻堅戰，重點任務取得積極進展。制定並有序實施三大攻堅戰三年行動方案。穩步推進結構性去槓桿，穩妥處置金融領域風險，防控地方政府債務風險，改革完善房地產市場調控機制。深入推進精準脫貧，加強扶貧力量，加大資金投入，強化社會幫扶，貧困

《《《《《《 2018年主要工作 》》》》》》

創新和完善宏觀調控，經濟保持平穩運行

紮實打好三大攻堅戰，重點任務取得積極進展

深化供給側結構性改革，實體經濟活力不斷釋放

深入實施創新驅動發展戰略，創新能力和效率進一步提升

加大改革開放力度，發展動力繼續增強

統籌城鄉區域發展，良性互動格局加快形成

堅持在發展中保障和改善民生，改革發展成果更多更公平惠及人民群眾

推進法治政府建設和治理創新，保持社會和諧穩定

製圖：新華網

地區自我發展能力穩步提高。全面開展藍天、碧水、淨土
保衛戰。優化能源和運輸結構。穩妥推進北方地區「煤改
氣」、「煤改電」。全面建立河長制、湖長制。化肥農藥使
用量實現雙下降。加強生態環保督察執法。積極應對氣候
變化。

三是深化供給側結構性改革，實體經濟活力不斷釋
放。加大「破、立、降」力度。推進鋼鐵、煤炭行業市場
化去產能。實施穩投資舉措，製造業投資、民間投資增速
明顯回升。出台促進居民消費政策。全面推進「互聯網
＋」，運用新技術新模式改造傳統產業。深入推進簡政減

[延伸閱讀]

「破、立、降」

「破、立、降」是深化供給側結構性改革的一個重要內容。2017
年中央經濟工作會議對深化供給側結構性改革進行了部署，提出深化
要素市場化配置改革，重點在「破、立、降」上下功夫。「破」就是
要大力破除無效供給，把處置「僵屍企業」作為重要抓手，推動化解
過剩產能；「立」就是要大力培育新動能，強化科技創新，推動傳統
產業優化升級，培育一批具有創新能力的排頭兵企業，積極推進軍民
融合深度發展；「降」就是要大力降低實體經濟成本，降低制度性交
易成本，繼續清理涉企收費，加大對亂收費的查處和整治力度，深化
電力、石油天然氣、鐵路等行業改革，降低用能、物流成本。2018年
中央經濟工作會議指出，要鞏固「三去一降一補」成果，推動更多產
能過剩行業加快出清，降低全社會各類營商成本，加大基礎設施等領
域補短板力度。

稅減費。取消一批行政許可事項,「證照分離」改革在全國推開,企業開辦時間大幅壓縮,工業生產許可證種類壓減三分之一以上。「雙隨機、一公開」監管全面實施。清理規範各類涉企收費,推動降低用能、用網和物流等成本。深化「互聯網＋政務服務」,各地探索推廣一批有特色的改革舉措,企業和群眾辦事便利度不斷提高。

四是深入實施創新驅動發展戰略,創新能力和效率進一步提升。大力優化創新生態,調動各類創新主體積極性。深化科技管理體制改革,推進關鍵核心技術攻關,加強重大科技基礎設施、科技創新中心等建設。強化企業技術創新主體地位,將提高研發費用加計扣除比例政策擴大至所有企業。制定支持雙創深入發展的政策措施。技術合同成交額增長 30% 以上。科技進步貢獻率提高到 58.5%。

中國製造:5G 芯片

五是加大改革開放力度,發展動力繼續增強。深化國資國企改革,國有企業優化重組、提質增效取得新進展。針對民營企業發展遇到的困難和問題,千方百計幫助解憂紓困。推進財稅體制改革,預算績效管理改革全面啟動。改革金融監管體制,完善利率、匯率市場化形成機制。農業農村、社會事業、生態環保等領

殲-20 驚艷亮相.

習近平:我國民營經濟只能壯大、不能弱化

域改革不斷深化。推出對外開放一系列重大舉措。共建「一帶一路」引領效應持續釋放，同沿線國家的合作機制不斷健全，經貿合作和人文交流加快推進。出台穩外貿政策，貨物通關時間壓縮一半以上。下調部分商品進口關稅，關稅總水平由 9.8% 降至 7.5%。新設一批跨境電商綜合試驗區。複製推廣自貿試驗區改革經驗。大幅壓縮外資准入負面清單，擴大金融、汽車等行業開放，一批重大外資項目落地，新設外資企業增長近 70%。

習近平：中國開放的大門不會關閉，只會越開越大

六是統籌城鄉區域發展，良性互動格局加快形成。鄉村振興戰略有力實施，糧食總產量保持在 1.3 萬億斤以

[延伸閱讀]

預算績效管理改革

2018年7月6日，中共中央全面深化改革委員會審議通過了《關於全面實施預算績效管理的意見》，2018年9月1日，中共中央國務院印發並實施。

該《意見》是為解決當前預算績效管理存在的突出問題，加快建成全方位、全過程、全覆蓋的預算績效管理體系而提出的。全面實施預算績效管理是政府治理方式的深刻變革，其核心是實現預算和績效管理一體化，主要體現在四個方面：一是以預算績效管理約束政府行為；二是把績效管理嵌入支出政策制定中，進而避免支出政策失當造成資金錯配；三是用績效管理把預算編制和預算執行貫通起來，切實解決預算編制和預算執行相互脫節問題；四是通過績效管理把四本預算更好銜接起來，從而形成新的資金整合格局，提高資金使用效率。

上。新型城鎮化紮實推進，近 1,400 萬農業轉移人口在城鎮落戶。推進西部開發、東北振興、中部崛起、東部率先發展，出台一批改革創新舉措。京津冀協同發展取得明顯進展，長江經濟帶生態優先、綠色發展格局不斷鞏固。粵港澳大灣區規劃建設邁出實質性步伐，港珠澳大橋建成通車。加大對革命老區、民族地區、邊疆地區、貧困地區改革發展支持力度。新增高速鐵路運營里程 4,100 公里，新建改建高速公路 6,000 多公里、農村公路 30 多萬公里。城鄉區域發展協調性持續增強。

港珠澳大橋
開通

七是堅持在發展中保障和改善民生，改革發展成果更多更公平惠及人民群眾。針對外部環境變化給就業帶來的影響，及時出台穩就業舉措。大力推動義務教育教師工資待遇政策落實，加強鄉村小規模學校和鄉鎮寄宿制學校建設，促進高等教育內涵式發展。建立企業職工基本養老保險基金中央調劑制度，提高退休人員基本養老金，城鄉居民基礎養老金最低標準從每月 70 元提高到 88 元。繼續提高優撫、低保等標準，殘疾人「兩項補貼」惠及所有符合條件人員。加強退役軍人服務管理工作，維護退役軍人合法權益。深化醫療、醫保、醫藥聯動改革。穩步推進分級診療。提高居民基本醫保補助標準和大病保險報銷比例。

加快新藥審評審批改革，17 種抗癌藥大幅降價並納入國家醫保目錄。加快推進文化惠民工程，持續加強基層公共文化服務。全民健身蓬勃開展，體育健兒在國際大賽上再創佳績。

大幅降價的17種抗癌藥名單

尼洛替尼

醫保支付標準	94.7元（200mg/粒）；76元（150mg/粒）
限定支付範圍	限治療新診斷的費城染色體陽性的慢性髓性白血病（Ph+ CML）慢性期成人患者，或對既往治療（包括伊馬替尼）耐藥或不耐受的費城染色體陽性的慢性髓性白血病（Ph+ CML）慢性期或加速期成人患者。

培唑帕尼

醫保支付標準	272元（400mg/片）；160元（200mg/片）
限定支付範圍	晚期腎細胞癌患者的一線治療和曾經接受過細胞因子治療的晚期腎細胞癌的治療。

塞瑞替尼

醫保支付標準	198元（150mg/粒）
限定支付範圍	接受過克唑替尼治療後進展的或者對克唑替尼不耐受的間變性淋巴瘤激酶（ALK）陽性局部晚期或轉移性非小細胞肺癌（NSCLC）患者。

奧曲肽

醫保支付標準	7911元（30mg/瓶）；5800元（20mg/瓶）
限定支付範圍	胃腸胰內分泌腫瘤、肢端肥大症，按說明書用藥。

阿昔替尼

醫保支付標準	207元（5mg/片）；60.4元（1mg/片）
限定支付範圍	限既往接受過一種酪氨酸激酶抑制劑或細胞因子治療失敗的進展期腎細胞癌(RCC)的成人患者。

克唑替尼

醫保支付標準	260元（250mg/粒）；219.2元（200mg/粒）
限定支付範圍	限間變性淋巴瘤激酶（ALK）陽性的局部晚期或轉移性非小細胞肺癌患者或ROS1陽性的晚期非小細胞肺癌患者。

舒尼替尼

醫保支付標準	448元（50mg/粒）；359.4元（37.5mg/粒）； 263.5元（25mg/粒）；155元（12.5mg/粒）
限定支付範圍	1.不能手術的晚期腎細胞癌（RCC）；2.甲磺酸伊馬替尼治療失敗或不能耐受的胃腸間質瘤（GIST）；3.不可切除的，轉移性高分化進展期胰腺神經內分泌瘤（pNET）成人患者。

瑞戈非尼

醫保支付標準	196元（40mg/片）
限定支付範圍	1.肝細胞癌二線治療；2.轉移性結直腸癌三線治療；3.胃腸道間質瘤三線治療。

阿法替尼

醫保支付標準	200元（40mg/片）；160.5元（30mg/片）
限定支付範圍	1.具有EGFR基因敏感突變的局部晚期或轉移性非小細胞肺癌，既往未接受過EGFR-TKI治療；2.含鉑化療期間或化療後疾病進展的局部晚期或轉移性鱗狀組織學類型的非小細胞肺癌。

培門冬酶

醫保支付標準	2980元（5ml：3750IU/支）；1477.7元（2ml：1500IU/支）
限定支付範圍	兒童急性淋巴細胞白血病患者的一線治療。

维莫非尼

醫保支付標準	112元（240mg/片）
限定支付範圍	治療經CFDA批准的檢測方法確定的BRAF V600 突變陽性的不可切除或轉移性黑色素瘤。

西妥昔單抗

醫保支付標準	1295元（100mg（20ml）/瓶）
限定支付範圍	限RAS基因野生型的轉移性結直腸癌。

伊布替尼

醫保支付標準	189元（140mg/粒）
限定支付範圍	1.既往至少接受過一種治療的套細胞淋巴瘤（MCL）患者的治療；2.慢性淋巴細胞白血病/小淋巴細胞淋巴瘤（CLL/SLL）患者的治療。

阿扎胞苷		
醫保支付標準	1055元（100mg/支）	
限定支付範圍	成年患者中1.國際預後評分系統（IPSS）中的中危－2及高危骨髓增生異常綜合癥（MDS）；2.慢性粒－單核細胞白血病（CMML）；3.按照世界衛生組織（WHO）分類的急性髓系白血病（AML）、骨髓原始細胞為20%－30%伴多系發育異常的治療。	

伊沙佐米		
醫保支付標準	4933元（4mg/粒）；3957.9元（3mg/粒）；3229.4元（2.3mg/粒）	
限定支付範圍	1.每2個療程需提供治療有效的證據後方可繼續支付；2.由三級醫院血液專科或血液專科醫院醫師處方；3.與來那度胺聯合使用時，只支付伊沙佐米或來那度胺中的一種。	

安羅替尼		
醫保支付標準	487元（12mg/粒）；423.6元（10mg/粒）；357元（8mg/粒）	
限定支付範圍	限既往至少接受過2種系統化療後出現進展或復發的局部晚期或轉移性非小細胞肺癌患者。	

奧希替尼		
醫保支付標準	510元（80mg/片）；300元（40mg/片）	
限定支付範圍	限既往因表皮生長因子受體（EGFR）酪氨酸激酶抑制劑（TKI）治療時或治療後出現疾病進展，並且經檢驗確認存在 EGFR T790M 突變陽性的局部晚期或轉移性非小細胞肺癌成人患者。	

製圖：新華網　資料來源：中國政府網

　　八是推進法治政府建設和治理創新，保持社會和諧穩定。提請全國人大常委會審議法律議案 18 件，制定修訂行政法規 37 部。改革調整政府機構設置和職能配置。深入開展國務院大督查，推動改革發展政策和部署落實。發揮審計監督作用。改革完善城鄉基層治理。創新信訪工作方式。改革和加強應急管理，及時有效應對重大自然災害，生產安全事故總量和重特大事故數量繼續下降。加強

食品藥品安全監管，嚴厲查處長春長生公司等問題疫苗案件。健全國家安全體系。強化社會治安綜合治理，開展掃黑除惡專項鬥爭，依法打擊各類違法犯罪，平安中國建設取得新進展。

吉林長春長生問題疫苗處理情況

認真貫徹黨中央全面從嚴治黨戰略部署，加強黨風廉政建設。推進「兩學一做」學習教育常態化制度化。嚴格落實中央八項規定及其實施細則精神，堅定不移糾正「四風」。嚴肅查處各類違法違規行為，懲處腐敗分子，反腐敗鬥爭取得壓倒性勝利。

過去一年，中國特色大國外交取得新成就。成功舉辦博鰲亞洲論壇年會、上合組織青島峰會、中非合作論壇北京峰會等重大主場外交活動。習近平主席等國家領導人出訪多國，出席

大國外交 2018

亞太經合組織領導人非正式會議、二十國集團領導人峰會、金磚國家領導人會晤、亞歐首腦會議、東亞合作領導人系列會議等重大活動。

海外人士熱議中國主場外交

同主要大國關係總體穩定，同周邊國家關係全面發展，同發展中國家團結合作紐帶更加牢固。推動構建新型國際關係，推動構建人類命運共同體。堅定維護國家主權、安全、發展利益。經濟外交、人文交流成果豐碩。中國致力於促進世界和平與發展，做出了世人共睹的重要貢獻。

各位代表！

過去一年取得的成績，是以習近平同志為核心的黨中央堅強領導的結果，是習近平新時代中國特色社會主義思想科學指引的結果，是全黨全軍全國各族人民團結奮鬥的結果。我代表國務院，向全國各族人民，向各民主黨派、各人民團體和各界人士，表示誠摯感謝！向香港特別行政區同胞、澳門特別行政區同胞、台灣同胞和海外僑胞，表示誠摯感謝！向關心和支持中國現代化建設的各國政府、國際組織和各國朋友，表示誠摯感謝！

思危方能居安。在充分肯定成績的同時，要清醒看到我國發展面臨的問題和挑戰。世界經濟增速放緩，保護主義、單邊主義加劇，國際大宗商品價格大幅波動，不穩定不確定因素明顯增加，外部輸入性風險上升。國內經濟下行壓力加大，消費增速減慢，有效投資增長乏力。實體經濟困難較多，民營和小微企業融資難融資貴問題尚未有效緩解，營商環境與市場主體期待還有較大差距。自主創新能力不強，關鍵核心技術短板問題凸顯。一些地方財政收支矛盾較大。金融等領域風險隱患依然不少。深度貧困地區脫貧攻堅困難較多。生態保護和污染防治任務仍然繁重。在教育、醫療、養老、住房、食品藥品安全、收入分配等方面，群眾還有不少不滿意的地方。去年還發生了多

起公共安全事件和重大生產安全事故，教訓極其深刻。政府工作存在不足，一些改革發展舉措落實不到位，形式主義、官僚主義仍然突出，督查檢查考核過多過頻、重留痕輕實績，加重基層負擔。少數幹部懶政怠政。一些領域腐敗問題仍然多發。我們一定要直面問題和挑戰，勇於擔當，恪盡職守，竭盡全力做好工作，絕不辜負人民期待！

二、2019 年經濟社會發展總體要求和政策取向

今年是新中國成立 70 週年，是全面建成小康社會、實現第一個百年奮鬥目標的關鍵之年。做好政府工作，要在以習近平同志為核心的黨中央堅強領導下，以習近平新時代中國特色社會主義思想為指導，全面貫徹黨的十九大和十九屆二中、三中全會精神，統籌推進「五位一體」總體佈局，協調推進「四個全面」戰略佈局，堅持穩中求進工作總基調，堅持新發展理念，堅持推動高質量發展，堅持以供給側結構性改革為主線，堅持深化市場化改革、擴大高水平開放，加快建設現代化經濟體系，繼續打好三大攻堅戰，著力激發微觀主體活力，創新和完善宏觀調控，統籌推進穩增長、促改革、調結構、惠民生、防風險、保

「翻開」總理
報告裡的 2019

穩定工作，保持經濟運行在合理區間，進一步穩就業、穩金融、穩外貿、穩外資、穩投資、穩預期，提振市場信心，增強人民群眾獲得感、幸福感、安全感，保持經濟持續健康發展和社會大局穩定，為全面建成小康社會收官打下決定性基礎，以優異成績慶祝中華人民共和國成立 70 週年。

綜合分析國內外形勢，今年我國發展面臨的環境更複雜更嚴峻，可以預料和難以預料的風險挑戰更多更大，要做好打硬仗的充分準備。困難不容低估，信心不可動搖，幹勁不能鬆懈。我國發展仍處於重要戰略機遇期，擁有足夠的韌性、巨大的潛力和不斷迸發的創新活力，人民群眾追求美好生活的願望十分強烈。我們有戰勝各種困難挑戰的堅定意志和能力，經濟長期向好趨勢沒有也不會改變。

今年經濟社會發展的主要預期目標是：國內生產總值增長 6% ～ 6.5%；城鎮新增就業 1,100 萬人以上，城鎮調查失業率 5.5% 左右，城鎮登記失業率 4.5% 以內；居民消費價格漲幅 3% 左右；國際收支基本平衡，進出口穩中提質；宏觀槓桿率基本穩定，金融財政風險有效防控；農村貧困人口減少 1,000 萬以上，居民收入增長與經濟增長基本同步；生態環境進一步改善，單位國內生產總值能耗下降 3% 左右，主要污染物排放量繼續下降。上述主要預期

目標，體現了推動高質量發展要求，符合我國發展實際，與全面建成小康社會目標相銜接，是積極穩妥的。實現這些目標，需要付出艱苦努力。

要正確把握宏觀政策取向，繼續實施積極的財政政策和穩健的貨幣政策，實施就業優先政策，加強政策協調配合，確保經濟運行在合理區間，促進經濟社會持續健康發展。

積極的財政政策要加力提效。今年赤字率擬按 2.8% 安排，比去年預算高 0.2 個百分點；財政赤字 2.76 萬億元，其中中央財政赤字 1.83 萬億元，地方財政赤字 9,300 億元。適度提高赤字率，綜合考慮了財政收支、專項債券發行等因素，也考慮為應對今後可能出現的風險留出政策空間。

2019年經濟社會發展的主要預期目標

▶ 國內生產總值
增長6%-6.5%

▶ 居民消費價格
漲幅3%左右

▶ 農村貧困人口減少1,000萬以上，居民收入增長與經濟增長基本同步

▶ 城鎮新增就業
1,100萬人以上，
城鎮調查失業率
5.5%左右，城鎮
登記失業率4.5%
以內

▶ 國際收支基本平衡，
進出口穩中提質

▶ 宏觀槓桿率基本穩
定，金融財政風險有
效防控

▶ 單位國內生產總值能耗
下降3%左右，主要污
染物排放量繼續下降

製圖：新華網

［權威解讀］

2019年GDP增長預期目標

黃守宏（報告起草組負責人、國務院研究室主任）

《政府工作報告》提出把今年的 GDP 增長預期目標確定為 6%─6.5%，這是根據當前國內外形勢、中國經濟發展的實際狀況等多種因素綜合考慮的。過去兩年 GDP 增長的預期目標都是 6.5% 左右，而實際上 2017 年增長了 6.9%，2018 年增長了 6.6%，實際增速都超過了預期目標。今年形勢更加複雜，國內經濟面臨新的下行壓力，這種情況下，在前兩年基礎上適當調低今年經濟增長的預期目標，應該說是符合實際的。

今年我國經濟發展面臨的不穩定、不確定因素很多，有的變化和風險挑戰目前也難以預料，經濟增速等指標在季度、月度之間，可能會出現一定的波動，所以應該增加預期目標的彈性。綜合以上考慮，採取適當降低 GDP 增速預期目標並設定為區間值的方式。這種方式，我們 2016 年就採用過，當年的預期目標為 6.5%─7%，實踐證明效果是好的。通過測算，6%─6.5% 的預期目標符合全面建成小康社會要求，今明兩年 GDP 增速只要保持 6.2% 左右，就可以實現到 2020 年比 2010 年翻一番的目標。另外，這一目標與當前的潛在增長率比較吻合，與社會各方面的預期比較吻合，也體現了高質量發展的要求。同時，這一目標也可以確保實現比較充分就業，這對中國政府來講是最重要的任務。現在經濟增長對就業的吸納能力比較強，GDP 每增長一個百分點，大體可以帶動 190 萬到 200 萬人就業。按照 6%─6.5% 的預期目標測算，城鎮新增就業 1,100 萬人的目標是可以實現的，在此基礎上，還要力爭達到近幾年的實際規模。

關於有沒有必須守住的速度底線問題，對中國來講，只要就業增長、居民收入增加、環境改善，經濟增速高一點、低一點都是可以接受的。

（來源：國務院新聞辦公室吹風會答問）

今年財政支出超過 23 萬億元，增長 6.5%。中央對地方均衡性轉移支付增長 10.9%。改革完善縣級基本財力保障機制，緩解困難地區財政運轉壓力，絕不讓基本民生保障出問題。

穩健的貨幣政策要鬆緊適度。廣義貨幣 M_2 和社會融資規模增速要與國內生產總值名義增速相匹配，以更好滿足經濟運行保持在合理區間的需要。在實際執行中，既要把好貨幣供給總閘門，不搞「大水漫灌」，又要靈活運用多種貨幣政策工具，疏通貨幣政策傳導渠道，保持流動性合理充裕，有效緩解實體經濟特別是民營和小微企業融資難融資貴問題，防範化解金融風險。深化利率市場化改

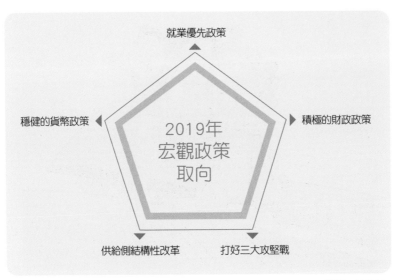

製圖：新華網

革，降低實際利率水平。完善匯率形成機制，保持人民幣匯率在合理均衡水平上的基本穩定。

就業優先政策要全面發力。就業是民生之本、財富之源。今年首次將就業優先政策置於宏觀政策層面，旨在強化各方面重視就業、支持就業的導向。當前和今後一個時期，我國就業總量壓力不減、結構性矛盾凸顯，新的影響因素還在增加，必須把就業擺在更加突出位置。穩增長首要是為保就業。今年城鎮新增就業要在實現預期目標的基礎上，力爭達到近幾年的實際規模，既保障城鎮勞動力就業，也為農業富餘勞動力轉移就業留出空間。只要就業

全面發力

新華社發　徐駿 / 作

穩、收入增，我們就更有底氣。

要繼續堅持以供給側結構性改革為主線，在「鞏固、

[權威解讀]

圍繞「鞏固、增強、提升、暢通」推進改革

連維良（國家發展和改革委員會副主任）

一是圍繞「鞏固」推進改革。重點是「兩個深化、兩個推進」：深化投融資體制改革，深化價格改革，推進市場主體退出制度改革，推進國有企業資產負債約束制度改革，以更加有效地降成本、補短板、去產能、去槓桿。

二是圍繞「增強」推進改革。重點是「五個加大」：加大國有企業混合所有制改革力度，加大支持民營企業改革力度，加大產權保護改革力度，加大激發和保護企業家精神改革力度，加大優化營商環境改革力度。我們將新推出第四批一百家以上新的混改試點，將繼續推動甄別、糾正涉產權的冤錯案件，將明確企業家參與政策制定的規範化機制，將在全國大中城市和國家級新區全面展開營商環境評價。

三是圍繞「提升」推進改革。具體是「三個推進」：推進要素市場化改革，提升要素流動性；推進創新創業改革，提升產業鏈水平；推進服務業改革，提升服務業供給質量。經營性行業的發用電計劃將全面放開，增量配電改革試點將向縣一級全面延伸，將推進油氣管網運營機制改革，使上游的資源類企業實現公平接入、下游用戶實現公平享有。研究提出新一輪全面創新改革試驗方案，進一步加大服務業擴大市場准入的改革力度。

四是圍繞「暢通」推進改革。將著力打通「三個循環」：加快建立統一開放、競爭有序的現代市場體系，將全面實施市場准入負面清單制度，打通國內市場和生產主體的循環；破除妨礙勞動力人才社會性流動的體制性障礙，打通經濟增長和就業擴大的循環；提升金融體系服務實體經濟的能力，打通金融和實體經濟的循環。

（來源：全國兩會記者會答問）

23

增強、提升、暢通」八個字上下功夫。更多採取改革的辦法，更多運用市場化、法治化手段，鞏固「三去一降一補」成果，增強微觀主體活力，提升產業鏈水平，暢通國民經濟循環，推動經濟高質量發展。

習近平：堅持底線思維，著力防範化解重大風險

要繼續打好三大攻堅戰，精準發力、務求實效。防範化解重大風險要強化底線思維，堅持結構性去槓桿，防範金融市場異常波動，穩妥處理地方政府債務風險，防控輸入性風險。精準脫貧要堅持現行標準，聚焦深度貧困地區和特殊貧困群體，加大攻堅力度，提高脫貧質量。污染防治要聚焦打贏藍天保衛戰等重點任務，統籌兼顧、標本兼治，使生態環境質量持續改善。

做好今年政府工作，要注重把握好以下關係。一要統籌好國內與國際的關係，凝心聚力辦好自己的事。我國仍處於並將長期處於社會主義初級階段，仍是世界最大發展中國家。發展是解決我國一切問題的基礎和關鍵，必須牢牢扭住經濟建設這個中心，毫不動搖堅持發展是硬道理、發展應該是科學發展和高質量發展的戰略思想，不斷解放和發展社會生產力。在國際形勢複雜多變的背景下，我們要保持戰略定力，按確定的目標和部署推進工作，更好利用國際國內兩個市場兩種資源，敢於應對挑戰，善於化危

為機，牢牢把握發展主動權。二要平衡好穩增長與防風險的關係，確保經濟持續健康發展。長期積累的諸多風險隱患必須加以化解，但要遵循規律，講究方式方法，按照堅定、可控、有序、適度要求，在發展中逐步化解，堅決避免發生系統性、區域性風險。在當前經濟下行壓力加大情況下，出台政策和工作舉措要有利於穩預期、穩增長、調結構，防控風險要把握好節奏和力度，防止緊縮效應疊加放大，絕不能讓經濟運行滑出合理區間。同時，也不能只顧眼前，採取損害長期發展的短期強刺激政策，產生新的風險隱患。三要處理好政府與市場的關係，依靠改革開放激發市場主體活力。只要市場主體有活力，就能增強內生發展動力、頂住經濟下行壓力。要大力推進改革開放，加快建立統一開放、競爭有序的現代市場體系，放寬市場准入，加強公正監管，打造法治化、國際化、便利化的營商環境，讓各類市場主體更加活躍。從根本上說，市場活力和社會創造力源於億萬人民積極性的發揮。要堅持以人民為中心的發展思想，盡力而為、量力而行，確實保障基本民生，推動解決重點民生問題，促進社會公平正義，讓人民過上好日子。中國人民勤勞智慧，具有無限的創新創造潛能，只要充分釋放出來，中國的發展就一定會有更為廣闊空間。

三、2019 年政府工作任務

今年經濟社會發展任務重、挑戰多、要求高。我們要突出重點、把握關鍵，紮實做好各項工作。

（一）繼續創新和完善宏觀調控，確保經濟運行在合理區間。堅持以市場化改革的思路和辦法破解發展難題，發揮好宏觀政策逆週期調節作用，豐富和靈活運用財政、貨幣、就業政策工具，增強調控前瞻性、針對性和有效性，為經濟平穩運行創造條件。

實施更大規模的減稅。普惠性減稅與結構性減稅並舉，重點降低製造業和小微企業稅收負擔。深化增值稅改革，將製造業等行業現行 16% 的稅率降至 13%，將交通運輸業、建築業等行業現行 10% 的稅率降至 9%，確保主要行業稅負明顯降低；保持 6% 一檔的稅率不變，但通過採取對生產、生活性服務業增加稅收抵扣等配套措施，確保所有行業稅負只減不增，繼續向推進稅率三檔併兩檔、稅制簡化方向邁進。抓好年初出台的小微企業普惠性減稅政策落實。這次減稅，著眼「放水養魚」、增強發展後勁並考慮財政可持續，是減輕企業負擔、激發市場活力的重大舉措，是完善稅制、優化收入分配格局

的重要改革，是宏觀政策支持穩增長、保就業、調結構
的重大抉擇。

　　明顯降低企業社保繳費負擔。下調城鎮職工基本養老
保險單位繳費比例，各地可降至 16%。穩定現行徵繳方
式，各地在徵收體制改革過程中不得採取增加小微企業實

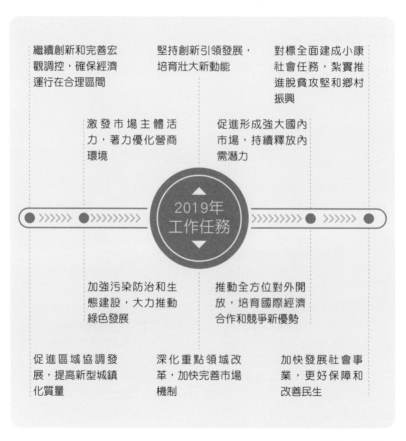

繼續創新和完善宏
觀調控，確保經濟
運行在合理區間

堅持創新引領發展，
培育壯大新動能

對標全面建成小康
社會任務，紮實推
進脫貧攻堅和鄉村
振興

激發市場主體活
力，著力優化營商
環境

促進形成強大國內
市場，持續釋放內
需潛力

2019年
工作任務

加強污染防治和生
態建設，大力推動
綠色發展

推動全方位對外開
放，培育國際經濟
合作和競爭新優勢

促進區域協調發
展，提高新型城鎮
化質量

深化重點領域改
革，加快完善市場
機制

加快發展社會事
業，更好保障和
改善民生

製圖：新華網

際繳費負擔的做法，不得自行對歷史欠費進行集中清繳。繼續執行階段性降低失業和工傷保險費率政策。今年務必使企業特別是小微企業社保繳費負擔有實質性下降。加快推進養老保險省級統籌改革，繼續提高企業職工基本養老保險基金中央調劑比例、劃轉部分國有資本充實社保基金。我們既要減輕企業繳費負擔，又要保障職工社保待遇不受影響、養老金合理增長並按時足額發放，使社保基金可持續、企業與職工同受益。

[延伸閱讀]

企業社保繳費

　　企業社保繳費是指由企業負責上繳的社會保險費。社會保險費是指在社會保險基金的籌集過程當中，僱員和僱主按照規定的數額和期限向社會保險管理機構繳納的費用，它是社會保險基金的最主要來源。企業負責上繳的社會保險費的分擔主體是國家、企業和個人，一般是以企業和個人雙方供款、政府負最後責任。

　　社會保險是指國家通過立法，多渠道籌集資金，對勞動者在因年老、失業、工傷、生育而減少勞動收入時給予經濟補償，使他們能夠享有基本生活保障的一項社會保障制度，主要包括「五險」，即：養老保險、失業保險、醫療保險、工傷保險和生育保險。社會保險是社會保障體系的核心部分，是以國家為主體，由法律法規的專門機構負責實施，運用社會力量，通過立法手段向勞動者及其僱主籌措資金建立專項基金（即社會保險基金），以保證在勞動者失去勞動收入後獲得一定程度的收入補償，從而保證勞動力再生產和擴大再生產的正常運行，保證社會安定的一種制度。中國社會保險主管單位為中華人民共和國人力資源和社會保障部。

　　確保減稅降費落實到位。減稅降費直擊當前市場主體的痛點和難點，是既公平又有效率的政策。全年減輕企業稅收和社保繳費負擔近 2 萬億元。這會給各級財政帶來很大壓力。為

李克強：各級政府要過緊日子

減稅降費　開源節流

全年減輕企業稅收和社保繳費負擔近2萬億元

實施更大規模的減稅 ◎

將製造業等行業現行16%的稅率降至13%

將交通運輸業、建築業等行業現行10%的稅率降至9%

保持6%一檔的稅率不變

◎ 明顯降低企業社保繳費負擔

下調城鎮職工基本養老保險單位繳費比例，各地可降至16%

繼續執行階段性降低失業和工傷保險費率政策

加快推進養老保險省級統籌改革

中央財政增加特定國有金融機構和央企上繳利潤 ◎
一般性支出壓減 5% 以上、「三公」經費再壓減3%左右
長期沉澱資金一律收回

◎ 地方政府大力優化支出結構
多渠道盤活各類資金和資產

製圖：新華網

29

支持企業減負，各級政府要過緊日子，想方設法籌集資金。中央財政要開源節流，增加特定國有金融機構和央企上繳利潤，一般性支出壓減 5% 以上、「三公」經費再壓減 3% 左右，長期沉澱資金一律收回。地方政府也要主動挖潛，大力優化支出結構，多渠道盤活各類資金和資產。我們要確實讓市場主體特別是小微企業有明顯減稅降費感受，堅決兌現對企業和社會的承諾，困難再多也一定要把這件大事辦成辦好。

著力緩解企業融資難融資貴問題。改革完善貨幣信貸投放機制，適時運用存款準備金率、利率等數量和價格手段，引導金融機構擴大信貸投放、降低貸款成本，精準有效支持實體經濟，不能讓資金空轉或脫實向虛。加大對中小銀行定向降準力度，釋放的資金全部用於民營和小微企業貸款。支持大型商業銀行多渠道補充資本，增強信貸投放能力，鼓勵增加製造業中長期貸款和信用貸款。今年國

[名詞解釋]

定向降準

定向一般指轉向指定的方向。降準是央行貨幣政策之一，即降低存款準備金率，表明貨幣流動性將步入逐步釋放過程。定向降準是針對某金融領域或金融行業進行的一次央行貨幣政策調整，目的是降低存款準備金率，將釋放的資金流向政策發力的區域。

有大型商業銀行小微企業貸款要增長 30% 以上。清理規範銀行及中介服務收費。完善金融機構內部考核機制,激勵加強普惠金融服務,確實使中小微企業融資緊張狀況有明顯改善,綜合融資成本必須有明顯降低。

有效發揮地方政府債券作用。今年擬安排地方政府專項債券 2.15 萬億元,比去年增加 8,000 億元,為重點項目建設提供資金支持,也為更好防範化解地方政府債務風險創造條件。合理擴大專項債券使用範圍。繼續發行一定數量的地方政府置換債券,減輕地方利息負擔。鼓勵採取市場化方式,妥善解決融資平台到期債務問題,不能搞「半拉子」工程。

多管齊下穩定和擴大就業。紮實做好高校畢業生、退役軍人、農民工等重點群體就業工作,加強對城鎮各類就

[延伸閱讀]

地方政府置換債券

地方政府置換債券是指地方政府在利率適度的條件下,通過借新債來還舊債,將所欠的債務順利延後的一種方式,用來緩解地方債務的壓力。地方政府置換債券即把原來地方政府的短期、高息債務(銀行貸款、理財產品、城投債等)換成中長期、低成本的地方政府債券。債務置換後,一方面再融資需求下降,流動性風險顯著降低;另一方面實體經濟這種具有隱性擔保的高收益資產供給將迅速減少。

[權威解讀]

做好「加減乘除」法

劉昆（財政部部長）

作為財政部門，關鍵是要做好「加減乘除」這四則運算。其中最重要的是做好「乘法」，「放水養魚」，用減稅降費激發市場主體活力，提高居民消費能力。減稅降費是今年積極財政政策的頭等大事，我們將實施更大規模的減稅和更為明顯的降費，更好地引導企業預期和增強市場信心，穩定經濟增長。

做好「加法」，就是要加大財政支出力度。去年財政支出規模超過了22萬億元。我們將繼續適度擴大財政支出規模，擬安排中央一般公共預算支出11.13萬億元，同比增長8.7%，重點增加對脫貧攻堅、「三農」、結構調整、科技創新、生態環保、民生等領域的投入。此外，較大幅度增加地方政府專項債券規模，擬安排地方政府專項債券2.15萬億元，同比增加8,000億元，重點支持重大在建項目建設和補短板。

同時，我們還要做好「減法」，節用裕民。堅持政府過緊日子，大力壓減一般性支出，嚴控「三公」經費預算，取消低效無效支出。中央財政帶頭嚴格管理部門支出，一般性支出要壓減5%以上，「三公」經費再壓減3%左右，長期沉澱的資金一律收回。地方財政要比照中央的做法，從嚴控制行政事業單位開支。把省下的錢重點用於保障民生支出，不斷提升老百姓的獲得感、幸福感、安全感。從目前我們對各地情況的瞭解看，壓支方面各地的力度還都是很大的，有些超過了5%，中央部門壓支也比5%高。

此外，我們還要做好「除法」，破除體制機制障礙，全面深化財稅體制改革。特別是要全面實施預算績效管理，將預算績效管理貫穿預算編制執行全過程，加快預算執行進度，做好預算績效監控，更好發揮財政資金作用。在預算績效管理過程中，我們收回了很多低效無效資金，這些資金就能夠派上更好的用場，發揮更好的作用。

（來源：全國兩會記者會答問）

業困難人員的就業幫扶。對招用農村貧困人口、城鎮登記失業半年以上人員的各類企業，三年內給予定額稅費減免。加強對靈活就業、新就業形態的支持。堅決防止和糾正就業中的性別和身份歧視。實施職業技能提升行動，從失業保險基金結餘中拿出 1,000 億元，用於 1,500 萬人次以上的職工技能提升和轉崗轉業培訓。健全技術工人職業發展機制和政策。加快發展現代職業教育，既有利於緩解當前就業壓力，也是解決高技能人才短缺的戰略之舉。改革完善高職院校考試招生辦法，鼓勵更多應屆高中畢業生和退役軍人、下崗職工、農民工等報考，今年大規模擴招 100 萬人。擴大高職院校獎助學金覆蓋面、提高補助標準，加快學歷證書和職業技能等級證書互通銜接。改革高職院校辦學體制，加強師資隊伍建設，提高辦學質量。引導一批普通本科高校轉為應用型大學。中央財政大幅增加對高職院校的投入，地方財政也要加強支持。設立中等職業教育國家獎學金。支持企業和社會力量興辦職業教育，加快產教融合實訓基地建設。我們要以現代職業教育的大改革大發展，加快培養國家發展急需的各類技術技能人才，讓更多青年憑藉一技之長實現人生價值，讓三百六十行人才薈萃、繁星璀璨。

《國家職業教育改革實施方案》

（二）激發市場主體活力，著力優化營商環境。我國有上億市場主體，而且還在不斷增加。把市場主體的活躍度保持住、提上去，是促進經濟平穩增長的關鍵所在。要深化「放管服」改革，降低制度性交易成本，下硬功夫打造好發展軟環境。

以簡審批優服務便利投資興業。市場配置資源是最有效率的形式。要進一步縮減市場准入負面清單，推動「非禁即入」普遍落實。政府要堅決把不該管的事項交給市場，最大限度減少對資源的直接配置，審批事項應減盡減，確需審批的要簡化流程和環節，讓企業多用時間跑市場、少費功夫跑審批。今年，要對所有涉企經營許可事項實行「證照分離」改革，使企業更便捷拿到營業執照並盡快正常運營，堅決克服「准入不准營」的現象；在全國推開工程建設項目審批制度改革，使全流程審批時間大幅縮短。繼續壓縮專利審查和商標註冊時間。推行網上審批和服務，抓緊建成全國一體化在線政務服務平台，加快實現一網通辦、異地可辦，使更多事項不見面辦理，確需到現場辦的要「一窗受理、限時辦結」、「最多跑一次」。持續開展「減證便民」改革行動，不能讓繁瑣證明來回折騰企業和群眾。建立政務服務「好差評」制度，服務績效由企業和群眾來評判。政府部門做好服務是本分，服務

不好是失職。

　　以公正監管促進公平競爭。公平競爭是市場經濟的核心，公正監管是公平競爭的保障。改革完善公平競爭審查和公正監管制度，加快清理妨礙統一市場和公平競爭的各種規定和做法。政簡易從。規則越簡約透明，監管越有力有效。國家層面重在制定統一的監管規則和標準，地方政府要把主要力量放在公正監管上。推進「雙隨機、一公開」跨部門聯合監管，推行信用監管和「互聯網＋監管」改革，優化環保、消防、稅務、市場監管等執法方式，對違法者依法嚴懲、對守法者無事不擾。深化綜合行政執法改革，清理規範行政處罰事項，堅決治理多頭檢查、重複檢查。對監管者也要強監管、立規矩，絕不允許搞選擇性執法、任性執法，絕不允許刁難企業和群眾。依法打擊製

[延伸閱讀]

政務服務「好差評」制度

　　政務服務「好差評」制度，即政府的服務績效由企業和群眾來評判，是服務型政府建設中推行績效管理強化績效考核的重要內容。政府部門做好服務是本分，服務不好是失職。

　　近年來，政務服務比拚已經成為地域競爭的關鍵環節，把差評權放到辦事企業和辦事群眾手裡，可有效鞭策落後地區和落後單位痛定思痛、見賢思齊。進步不是可選項，而是必選項。「好差評」制度將以數字化、可視化的方式對提升政府服務水平產生強大的推動力。

售假冒偽劣商品等違法行為，讓嚴重違法者付出付不起的代價。完善失信聯合懲戒機制，促進各類市場主體守法誠信經營。用公正監管管出公平、管出效率、管出活力。

以改革推動降低涉企收費。深化電力市場化改革，清理電價附加收費，降低製造業用電成本，一般工商業平均電價再降低 10%。深化收費公路制度改革，推動降低過路過橋費用，治理對客貨運車輛不合理審批和亂收費、亂罰款。兩年內基本取消全國高速公路省界收費站，實現不停車快捷收費，減少擁堵、便利群眾。取消或降低一批鐵路、港口收費。專項治理中介服務收費。繼續清理規範行政事業性收費。加快收費清單「一張網」建設，讓收費公開透明，讓亂收費無處藏身。

[延伸閱讀]

「一張網」建設

「一張網」建設是指在信息化時代，在互聯網運行平台上，政務服務按照統一規劃建設、統一技術標準、統一服務模式、統一監督管理的要求，構建集行政審批、公共服務、陽光政務、效能監察、互動交流等功能於一體，區域政務服務標準統一，多級聯動，資源共享，業務協同的網上政務服務體系，實現業務系統集中部署，數據資源集中共享，政務信息集中公開，權力事項集中進駐，網上服務集中提供。「一張網」建設可以進一步加大簡政放權力度、創新政府管理方式、暢通服務渠道，促使政務服務協同化、辦事便捷化、建設集約化、資源共享化，從而為提升政府績效打下堅實的運行平台。

　　（三）堅持創新引領發展，培育壯大新動能。發揮我國人力人才資源豐富、國內市場巨大等綜合優勢，改革創新科技研發和產業化應用機制，大力培育專業精神，促進新舊動能接續轉換。

　　推動傳統產業改造提升。圍繞推動製造業高質量發展，強化工業基礎和技術創新能力，促進先進製造業和現代服務業融合發展，加快建設製造強國。打造工業互聯網

[延伸閱讀]

工業互聯網

　　工業互聯網是基於開放、全球化的網絡，通過智能機器間的連接並最終將人機連接，結合軟件和大數據分析，重構全球工業、激發生產力，讓世界更美好、更快速、更安全、更清潔且更經濟。工業互聯網是全球工業系統與高級計算、分析、感應技術以及互聯網連接融合的結果。工業互聯網最早由通用電氣於2012年提出，隨後美國五家行業龍頭企業聯手組建了工業互聯網聯盟(IIC)，將這一概念大力推廣開來。除了通用電氣這樣的製造業巨頭，加入該聯盟的還有IBM、思科、英特爾和AT&T等IT企業。

　　2018年7月，工業和信息化部印發了《工業互聯網平台建設及推廣指南》和《工業互聯網平台評價方法》。 2019年1月18日，工業和信息化部印發《工業互聯網網絡建設及推廣指南》。國家頂級節點是整個工業互聯網標識解析體系的核心環節，是支撐工業萬物互聯互通的神經樞紐。按照工信部統一規劃和部署，中國工業互聯網標識解析國家頂級節點落戶在北京、上海、廣州、武漢、重慶五大城市。

中國製造：新
型智能大棚

平台，拓展「智能＋」，為製造業轉型升級賦能。支持企業加快技術改造和設備更新，將固定資產加速折舊優惠政策擴大至全部製造業領域。強化質量基礎支撐，推動標準與國際先進水平對接，提升產品和服務品質，讓更多國內外用戶選擇中國製造、中國服務。

促進新興產業加快發展。深化大數據、人工智能等研發應用，培育新一代信息技術、高端裝備、生物醫

[延伸閱讀]

「智能+」

「智能+」是指智能化的互聯互通，即在「智能+」的連接之下，通過雲計算、人工智能等方式，讓生活空間中的萬事萬物進入相互連接的數字化世界，這是實現深度融合、雲化分享以及未來一切變化的基礎。隨著實體經濟社會的全面數字化，不但要通過更多的連接減少「信息孤島」，更需要通過更好的連接來實現溝通協作的持續優化。減少「信息孤島」，連接人與人、人與物、人與服務，「互聯網+」是傳統的方式，「智能+」則是比「互聯網+」更進一步的新的連接方式。人工智能是推動「智能+」的核心引擎，技術是「智能+」的核心競爭力。以人為核心，將諸如雲計算、物聯網、大數據、人工智能等在內的互聯網前沿科技整合成系統化生態，進而構建信息高度對稱的、高效運轉的和諧社會生態，是「智能+」的標誌。

「智能+」作為一種日益清晰的產業發展趨勢，正在被越來越多的企業所接受和擁抱。在可以預見的未來，「智能+」將加速線下與線上的融合，再度引發當前的商業模式與競爭法則變革。社會形態將被智能化信息技術重塑，每個人都會被契合其個性化需求的信息所環繞。人工智能的進步和「智能+」的實際應用，將展現一個「第四維」的世界。

藥、新能源汽車、新材料等新興產業集群，壯大數字經濟。堅持包容審慎監管，支持新業態新模式發展，促進平台經濟、共享經濟健康成長。加快在各行業各領域推進「互聯網＋」。持續推動網絡提速降費。開展城市千兆寬帶入戶示範，改造提升遠程教育、遠程醫療網絡，推動移動網絡擴容升級，讓用戶切實感受到網速更快更穩定。今年中小企業寬帶平均資費再降低 15%，移動網絡流量平均資費再降低 20% 以上，在全國實行「攜號轉網」，規範套餐設置，使降費實實在在、消費者明明白白。

提升科技支撐能力。加大基礎研究和應用基礎研究支持力度，強化原始創新，加強關鍵核心技術攻關。抓緊佈局國家實驗室，重組國家重點實驗室體系。完善重大科技項目組織管

國產大型水陸兩棲飛機 AG600 水上首飛成功

[名詞解釋]

包容審慎監管

包容審慎監管是指政府對市場中出現的新業態採取的一種監管手段。包容是指對那些未知大於已知的新業態採取包容態度，只要它不觸碰安全底線。審慎是指：一是當新業態剛出現還看不準的時候，不要一上來就管死，而要給它一個觀察期；二是嚴守安全底線，對謀財害命、坑蒙拐騙、假冒偽劣、侵犯知識產權等行為，不管是傳統業態還是新業態都要採取嚴厲監管措施，堅決依法打擊。

理。健全以企業為主體的產學研一體化創新機制,支持企業牽頭實施重大科技項目。加快建設科技創新資源開放共享平台,強化對中小企業的技術創新服務。擴大國際創新合作。全面加強知識產權保護,健全知識產權侵權懲罰性賠償制度,促進發明創造和轉化運用。科技創新本質上是人的創造性活動。要充分尊重和信任科研人員,賦予創新團隊和領軍人才更大的人財物支配權和技術路線決策權。進一步提高基礎研究項目間接經費佔比,開展項目經費使用「包乾制」改革試點,不設科目比例限制,由科研團隊自主決定使用。完善科技成果評價機制。要在推動科技體

[權威解讀]

推動人工智能積極健康發展

王志剛(科學技術部部長)

人工智能發展是一個學科,是一門技術,是一個系統,是一個工程,是一個跟人們生活、生產密切相關的新的領域。技術對大家來講都是相對平等的,國際社會應該加強合作。在這一點上,我們希望與世界各國一起趨利避害。第一,要加快推動人工智能在基礎理論、算法、計算能力、數學模型等方面的進步;第二,要加強芯片、器件、部件方面的研發;第三,要加強設備、系統等方面的協作。特別是我們希望國際社會加強人工智能在隱私、倫理、法律法規方面的交流合作,共同推動人工智能技術的國際治理和行業自律,宣揚好的社會公德和倫理道德,推動人工智能更好地造福人類。

(來源:全國兩會「部長通道」答問)

制改革舉措落地見效上下功夫，絕不能讓改革政策停留在口頭上、紙面上。大力簡除煩苛，使科研人員潛心向學、創新突破。加強科研倫理和學風建設，懲戒學術不端，力戒浮躁之風。我國有世界上最大規模的科技人才隊伍，營造良好的科研生態，就一定能夠迎來各類英才競現、創新成果泉湧的生動局面。

進一步把大眾創業萬眾創新引向深入。鼓勵更多社會

[延伸閱讀]

「包乾制」改革試點

「包乾制」是指在科研項目經費使用上不設科研科目的比例限制，由科研團隊具體負責經費安排和使用，以重大產出來論英雄，從而給科研團隊和領軍人才更大的財務支配權和技術路線決策權。試點「包乾制」是好事，把更多權利放到科研人員手中，靈活性更高，也有利於科研項目的進行。

目前，科研項目的經費使用主要採取預算制。經費支持分為直接經費和間接經費，直接經費包括資料費、數據採集費、會議費/差旅費、設備費、專家諮詢費、勞務費等；間接經費則包括補償學校為項目研究提供的儀器設備等間接成本，有關管理費用，以及激勵科研人員的績效支出等。但是這一制度讓不少科研人員「頭疼」，如何制定詳細的項目預算、如何對每項報銷準備翔實的材料等等，煩瑣的財務工作在一定程度上耽誤了科研工作的進行。

2019年1月30日，科技部、財政部發佈了《關於進一步優化國家重點研發計劃項目和資金管理的通知》，進一步明確整合精簡各類報表、減少信息填報和材料報送、精簡過程檢查、賦予科研人員更大技術路線決策權等多項措施，確實減輕了科研人員負擔。

主體創新創業，拓展經濟社會發展空間，加強全方位服務，發揮雙創示範基地帶動作用。強化普惠性支持，落實好小規模納稅人增值稅起徵點從月銷售額 3 萬元提高到 10 萬元等稅收優惠政策。改革完善金融支持機制，設立科創板並試點註冊制，鼓勵發行雙創金融債券，擴大知識產權質押融資，支持發展創業投資。改革完善人才培養、使用、評價機制，優化歸國留學人員和外籍人才服務。把面向市場需求和弘揚人文精神結合起來，善聚善用各類人才，中國創新一定能更好發展，為人類文明進步作出應有貢獻。

[延伸閱讀]

雙創金融債券

雙創金融債券是指符合條件的創新創業公司、創業投資公司，依照《公司法》《證券法》《公司債券發行與交易管理辦法》和其他法律法規及部門規章發行的公司債券。

發行雙創金融債券對新三板企業通過參與債券市場解決融資問題提供了新思路，有利於企業融資來源的多元化和多樣化，有助於改善公司資本結構，降低財務費用，同時避免估值較低的公司股權稀釋過快。由於中小企業私募債在發行人門檻、審批速度等方面和其他債券品種相比優勢突出，成為新三板企業融資的重要途徑。圍繞進一步緩解雙創企業融資難、融資貴等問題，雙創金融債券以支持高新技術企業茁壯成長、推動科技型中小企業創新發展、幫助小微企業健康可持續發展為切入點，有利於進一步拓寬雙創企業融資渠道，優化融資結構，解決雙創企業發展成長中的後顧之憂。

[延伸閱讀]

科創板

　　科創板是指科技創新板，為擁有自主研發、擁有引領未來的核心技術的科技創新企業提供融資便利。在服務對象上，科創板主要針對的是尚未進入成熟期但具有成長潛力、符合戰略新興產業發展方向及科技型、創新型特徵的中小和初創型企業，因此，上市的門檻比其他板塊低。在運行方式上，科創板採取註冊制，上市的速度更快。當然，上市速度和上市門檻的降低，會影響到高估值的科技股，以及殼資源，加快企業優勝劣汰的進程。

　　科創板是中國國家主席習近平於2018年11月5日在首屆中國國際進口博覽會開幕式上宣佈設立的。2019年1月30日，中國證監會發佈《關於在上海證券交易所設立科創板並試點註冊制的實施意見》。3月1日，中國證監會發佈《科創板首次公開發行股票註冊管理辦法（試行）》和《科創板上市公司持續監管辦法（試行）》。

　　（四）促進形成強大國內市場，持續釋放內需潛力。 充分發揮消費的基礎作用、投資的關鍵作用，穩定國內有效需求，為經濟平穩運行提供有力支撐。

　　推動消費穩定增長。多措並舉促進城鄉居民增收，增強消費能力。落實好新修訂的個人所得稅法，使符合減稅政策的約 8,000 萬納稅人應享盡享。要順應消費需求的新變化，多渠道增加優質產品和服務供給，加快破除民間資本進入的堵點。我國 60 歲以上人口已達 2.5 億。要大力發展養老特別是社區養老服務業，對在社區提供日間照

料、康復護理、助餐助行等服務的機構給予稅費減免、資金支持、水電氣熱價格優惠等扶持，新建居住區應配套建設社區養老服務設施，加強農村養老服務設施建設，改革完善醫養結合政策，擴大長期護理保險制度試點，讓老年人擁有幸福的晚年，後來人就有可期的未來。嬰幼兒照護事關千家萬戶。要針對實施全面兩孩政策後的新情況，加快發展多種形式的嬰幼兒照護服務，支持社會力量興辦托育服務機構，加強兒童安全保障。促進家政服務業提質擴容。發展全域旅遊，壯大旅遊產業。穩定汽車消費，繼續執行新能源汽車購置優惠政策，推動充電、加氫等設施建

[延伸閱讀]

長期護理保險制度

為積極應對人口老齡化，健全社會保障制度體系，保障失能人員基本護理需求，在高齡老人醫療護理計劃試點和社區居家養老服務的基礎上，以社會互助共濟方式籌集資金，對經評估達到一定護理需求等級的長期失能人員，為其基本生活照料和與基本生活密切相關的醫療護理提供服務或資金保障的社會保險制度。

2018年中國老年人口近2.4億人，人口老齡化進入了一個新的階段，獨生子女的贍養負擔加重，年輕人工作繁忙使得照顧老年人的時間減少，長期護理保險很有市場前景。2016年，人力資源和社會保障部發佈指導意見，在青島、上海等15個城市開展長期護理保險制度試點，探索建立為長期失能人員的基本生活照料和醫療護理提供資金或服務保障的社會保險制度。目前，試點城市之外的地區也開始引入長期護理險，受到居民的廣泛關注。

設。發展消費新業態新模式，促進線上線下消費融合發展，培育消費新增長點。健全農村流通網絡，支持電商和快遞發展。加強消費者權益保護，讓群眾放心消費、便利消費。

合理擴大有效投資。緊扣國家發展戰略，加快實施一批重點項目。完成鐵路投資 8,000 億元、公路水運投資 1.8 萬億元，再開工一批重大水利工程，加快川藏鐵路規劃建設，加大城際交通、物流、市政、災害防治、民用和通用航空等基礎設施投資力度，加強新一代信息基礎設施建設。今年中央預算內投資安排 5,776 億元，比去年增加 400 億元。創新項目融資方式，適當降低基礎設施等項目資本金比例，用好開發性金融工具，吸引更多民間資本參與重點領域項目建設。落實民間投資支持政策，有序推進政府和社會資本合作。改革完善招投標制度。政府要帶頭講誠信守契約，絕不能「新官不理舊賬」，對拖欠企業的款項年底前要清償一半以上，絕不允許增加新的拖欠。

（五）對標全面建成小康社會任務，紮實推進脫貧攻堅和鄉村振興。堅持農業農村優先發展，加強脫貧攻堅與鄉村振興統籌銜接，確保如期實現脫貧攻堅目標、農民生活達到全面小康水平。

打好精準脫貧攻堅戰。重點解決實現「兩不愁三保

障」面臨的突出問題，加大「三區三州」等深度貧困地區脫貧攻堅力度，加強基礎設施建設，落實對特殊貧困人口的保障措施。脫貧致富離不開產業支撐，要大力扶持貧困地區發展特色優勢產業。開展貧困地區控輟保學專項行動、明顯降低輟學率，繼續增加重點高校專項招收農村和貧困地區學生人數，用好教育這個阻斷貧困代際傳遞的治本之策。基本完成「十三五」易地扶貧搬遷規劃建設任務，加強後續扶持。對摘帽縣和脫貧人口的扶持政策要保

[延伸閱讀]

「兩不愁三保障」

兩不愁，即不愁吃、不愁穿。三保障，即義務教育、基本醫療、住房安全有保障。

2011 年 12 月 1 日，中共中央國務院印發《中國農村扶貧開發綱要（2011—2020 年）》，提出到 2020 年，穩定實現扶貧對象不愁吃、不愁穿，保障其義務教育、基本醫療和住房。

「三區三州」

「三區」是指西藏、新疆南疆四地州和四省藏區；「三州」是指甘肅的臨夏州、四川的涼山州和雲南的怒江州。

「三區三州」是國家層面的深度貧困地區，是國家全面建成小康社會最難啃的「硬骨頭」。「三區三州」深度貧困區80%以上區域位於青藏高原區，這些地區自然條件差、基礎設施和公共服務不足，不少貧困群眾的脫貧能力弱，基層組織比較薄弱，貧困發生率高、貧困程度深。在這種情況下如期實現「兩個確保」難度不小，僅僅靠當地的力量顯然無法完成上述任務。因此，必須要進一步聚焦脫貧攻堅戰的「精準區域」即深度貧困地區，尤其是少數民族集中聚居的「三區三州」。

持一段時間，鞏固脫貧成果。完善考核監督，用好中央脫貧攻堅專項巡視成果。越是到脫貧攻堅的關鍵階段，越要抓實抓細各項工作，確保脫貧有實效、可持續、經得起歷史檢驗。

抓好農業特別是糧食生產。近 14 億中國人的飯碗，必須牢牢端在自己手上。要穩定糧食產量，優化品種結構。加強農田水利建設，新增高標準農田 8,000 萬畝以上。穩定生豬等畜禽生產，做好非洲豬瘟等疫病防控。加快農業科技改革創新，大力發展現代種業，加強先進實用技術推廣，

[權威解讀]

2019年脫貧攻堅工作的重要部署

劉永富（國務院扶貧開發領導小組辦公室主任）

在面上，今年要對照「兩不愁三保障」的標準，在義務教育、基本醫療、住房安全和安全飲水這四個方面，在全國進行一次摸底清理，把存在的問題找出來，建檔立卡，記在賬上，逐項、逐戶、逐人對賬銷號，防止出現遺漏。

在點上，聚焦深度貧困地區，特別是「三區三州」。到去年底，有兩個「一百」，一是貧困人口3萬人以上的縣有111個，二是貧困發生率在10%以上的縣有98個，這兩個「一百」就是攻堅克難、攻城拔寨的「寨子」，這是堅中之堅，我們要盯著這些地區加大投入、加大幫扶力度，還要落實好深度貧困地區脫貧攻堅實施方案。

第三方面，就是堅持問題導向，對中央脫貧攻堅專項巡視發現的問題和考核評估發現的問題，以及各個方面發現的問題，包括媒體監督發現的問題，進行認真整改，通過問題整改推進工作。

（來源：全國兩會記者會答問）

脫貧攻堅　　　　　　　　　　　新華社發　徐駿/作

實施地理標誌農產品保護工程，推進農業全程機械化。培育家庭農場、農民合作社等新型經營主體，加強面向小農戶的社會化服務，發展多種形式規模經營。扶持主產區發展農產品精深加工。支持返鄉入鄉創業創新，推動一二三產業融合發展，壯大縣域經濟。務工收入是農民增收的大頭。要根治拖欠農民工工資問題，抓緊制定專門行政法規，確保付出辛勞和汗水的農民工按時拿到應有的報酬。

　　紮實推進鄉村建設。科學編製和實施建設規劃，大力改善生產生活條件。加快實施農村飲水安全鞏固提升工程，今明兩年要解決好飲水困難人口的飲水安全問題，提

高 6,000 萬農村人口供水保障水平。完成新一輪農村電網升級改造。新建改建農村公路 20 萬公里。繼續推進農村危房改造。因地制宜開展農村人居環境整治，推進「廁所革命」、垃圾污水治理，建設美麗鄉村。

全面深化農村改革。推廣農村土地徵收、集體經營性建設用地入市、宅基地制度改革試點成果。深化集體產權、集體林權、國有林區林場、農墾、供銷社等改革。改革完善農業支持保護體系，健全糧食價格市場化形成機制，擴大政策性農業保險改革試點，創新和加強農村金融服務。持續深化農村改革，廣袤鄉村必將煥發新的生機活力。

[延伸閱讀]

政策性農業保險改革試點

政策性農業保險改革試點是為適應農業現代化事業穩定健康發展的需求，提高用於政策性農業保險財政資金的公共性、績效性，更好地發揮財政資金作用，提升政策性農業保險的服務水平，按照中央完善農業保險制度的政策要求而推行的惠農政策。

政策性農業保險是以保險公司市場化經營為依託，政府通過保費補貼等政策扶持，對種植業、養殖業因遭受自然災害和意外事故造成的經濟損失提供的直接物化成本保險。政策性農業保險將財政手段與市場機制相對接，可以創新政府救災方式，提高財政資金使用效益，分散農業風險，促進農民收入可持續增長，為世貿組織所允許的支持農業發展的「綠箱」政策。政策性農業保險的基本原則是政府引導、市場運作、自主自願、協同推進。主要目標是建立健全政策性農業保險工作長效機制，提高農戶投保率、政策到位率和理賠兌現率，實現「盡可能減輕農民保費負擔」「盡可能減少農民因災損失」的目標要求，推動政策性農業保險又好又快發展。

（六）促進區域協調發展，提高新型城鎮化質量。圍繞解決發展不平衡不充分問題，改革完善相關機制和政策，促進基本公共服務均等化，推動區域優勢互補、城鄉融合發展。

優化區域發展格局。制定西部開發開放新的政策措施，西部地區企業所得稅優惠等政策到期後繼續執行。落實和完善促進東北全面振興、中部地區崛起、東部率先發展的改革創新舉措。京津冀協同發展重在疏解北京非首都功能，高標準建設雄安新區。落實粵港澳大灣區發展規劃綱要，促進規則銜接，推動生產要素流動和人員往來便利化。將長三角區域一體化發展上升為國家戰略，編製實施發展規劃綱要。

韓正：推動京津冀協同發展取得新的突破

要。長江經濟帶發展要堅持上中下游協同，加強生態保護修復和綜合交通運輸體系建設，打造高質量發展經濟帶。支持資源型地區經濟轉型。加快補齊革命老區、民族地區、邊疆地區、貧困地區發展短板。大力發展藍色經濟，保護海洋環境，建設海洋強國。

深入推進新型城鎮化。堅持以中心城市引領城市群發展。抓好農業轉移人口落戶，推動城鎮基本公共服務覆蓋常住人口。更好解決群眾住房問題，落實城市主體責任，改革完善住房市場體系和保障體系，促進房地產市場平穩

健康發展。繼續推進保障性住房建設和城鎮棚戶區改造，保障困難群體基本居住需求。繼續推進地下綜合管廊建設。城鎮老舊小區量大面廣，要大力進行改造提升，更新水電路氣等配套設施，支持加裝電梯和無障礙環境建設，健全便民市場、便利店、步行街、停車場等生活服務設施。新型城鎮化要處處體現以人為核心，提高柔性化治理、精細化服務水平，讓城市更加宜居，更具包容和人文關懷。

[權威解讀]

採取重大舉措推進粵港澳大灣區建設

何立峰（國家發展改革委主任）

第一個方面，在創建國際科創中心方面，力度要進一步加大。在硬件建設方面，一個是香港和深圳靠近的河套地區，大體上3.89平方公里，要加快規劃，主要是深圳方面配合香港方面，時機條件成熟以後推進建設。另一個是橫琴，珠海方面要密切配合澳門方面，加快科技創新中心的建設。同時，在廣州、深圳到香港、澳門，要建設國際水平的科技創新走廊。除此之外，我們要支持中國科學院創辦的香港創新研究院。還有其他一些涉及科技創新方面的重大舉措，要繼續大力推進。粵港澳大灣區，包括廣東大灣區的九個市和香港、澳門，都有比較好的基礎，三地密切配合，將產生「1＋1＋1 遠遠大於3」的效果。

第二個方面，重點推進有利於港澳居民進出內地和到內地發展的便利措施。目前已經公佈了八項措施，下面成熟一項要公佈一項。比如，在跨境車輛進出、人員進出、海關通關便利等方面，特別是有利於港澳青年到大灣區廣東這一側就業創業，要提供更好的便利。對於這些創新型企業的人才，在個人所得稅的稅收方面，也有一些新的重大舉措。要落實好便民措施，造福於港澳居民的民生福祉。同時，極大地提升粵港澳大灣區整體創新水平、經濟實力。

（來源：全國兩會記者會答問）

（七）加強污染防治和生態建設，大力推動綠色發展。綠色發展是構建現代化經濟體系的必然要求，是解決污染問題的根本之策。要改革完善相關制度，協同推動高質量發展與生態環境保護。

持續推進污染防治。鞏固擴大藍天保衛戰成果，今年二氧化硫、氮氧化物排放量要下降 3%，重點地區細顆粒物（$PM_{2.5}$）濃度繼續下降。持續開展京津冀及周邊、長三角、汾渭平原大氣污染治理攻堅，加強工業、燃煤、機動車三大污染源治理。做好北方地區清潔取暖工作，確保群眾溫暖過冬。強化水、土壤污染防治，今年化學需氧量、氨氮排放量要下降 2%。加快治理黑臭水體，防治農業面源污染，推進重點流域和近岸海域綜合整治。加強固體廢棄物和城市垃圾分類處置，促進減量化、資源化、無害化。加強污染防治重大科技攻關。企業作為污染防治主體，必須依法履行環保責任。改革創新環境治理方式，對企業既依法依規監管，又重視合理訴求、加強幫扶指導，對需要達標整改的給予合理過渡期，避免處置措施簡單粗暴、一關了之。企業有內在動力和外部壓力，污染防治一定能取得更大成效。

壯大綠色環保產業。堅持源頭治理，加快火電、鋼鐵行業超低排放改造，實施重污染行業達標排放改造。調整

優化能源結構。推進煤炭清潔化利用。健全天然氣產供儲銷體系。大力發展可再生能源，加快解決風、光、水電消納問題。加大城市污水管網和處理設施建設力度。促進資

[權威解讀]

大氣重污染成因及來源

李干傑（生態環境部部長）

第一，污染排放。污染排放是主因和內因，並且經過專家研究，已經更加明確、具體。在污染排放中間有四大來源是主要的，這四大來源佔比要達到90%以上，當然城市與城市稍微有點差別。一是工業，二是燃煤，三是機動車，四是揚塵。另外，在PM2.5組分裡面也基本搞清楚了，主要的組分也是四大類，硝酸鹽、硫酸鹽、銨鹽和有機物，這個比重佔比達到70%以上。所以，來源搞清楚了，組分搞清楚了，也就是主要矛盾清楚了，主攻方向清楚了。你要治理這樣四大來源，針對主要的組分開展工作。

第二，氣象條件。氣象條件儘管是外因，但是這個外因的影響對大氣重污染而言還是非常明顯、非常大的。專家的評估結果，我們氣象條件的影響，年度與年度之間，上下10%。也就是說，同樣的污染排放，不同年份氣象條件有的可能拉高10%，有的可能拉低10%，個別城市可能還會達到15%。大家可以想見，連續兩三年之間，前年如果氣象條件好，今年如果氣象條件差，實際上由於氣象條件本身的影響是比較大的，上下波動也是比較大的。另外，容易造成重污染的不利氣象條件也搞清楚了，風速低於兩米、濕度大於60%，近地面逆溫、混合層高度低於500米，這樣的天氣極容易形成重污染天氣。也正是如此，在預測到有這樣氣象條件的時候，一定要進行重污染天氣的預警應急，要採取應急措施，把污染排放降下來。

第三，區域傳輸。這個基本上也搞清楚了，在一個傳輸通道內，比如說京津冀及周邊，「2＋26」城市這個範圍內，大概相互之間的影響平均是20%－30%的樣子，重污染氣象天氣發生的時候，會提高15%－20%，也就是說可能達到35%－50%，個別城市可能會到60%－70%，也就是說相互之間的影響還是比較明顯的。從這個意義上來講，必須要實施聯防聯控，大家要一起行動，因為相互之間是影響的。

（來源：全國兩會記者會答問）

源節約集約和循環利用，推廣綠色建築、綠色快遞包裝。
改革完善環境經濟政策，健全排污權交易制度，加快發展
綠色金融，培育一批專業化環保骨幹企業，提升綠色發展
能力。

加強生態系統保護修復。推進山水林田湖草生態保護
修復工程試點，持續抓好國土綠化，加強荒漠化、石漠
化、水土流失治理。加大生物多樣性保護力度。繼續開展
退耕還林還草還濕。深化國家公園體制改革。健全生態補
償機制。綠色發展人人有責，貴在行動、成在堅持。我們
要共同努力，讓人民群眾享有美麗宜居環境。

（八）深化重點領域改革，加快完善市場機制。聚焦
突出矛盾和關鍵環節，推動相關改革深化，健全與高質量
發展相適應的體制機制，把市場活力和社會創造力充分釋
放出來。

加快國資國企改革。加強和完善國有資產監管，推進
國有資本投資、運營公司改革試點，促進國有資產保值增
值。積極穩妥推進混合所有制改革。完善公司治理結構，
健全市場化經營機制，建立職業經理人等制度。依法處置
「殭屍企業」。深化電力、油氣、鐵路等領域改革，自然壟
斷行業要根據不同行業特點實行網運分開，將競爭性業務
全面推向市場。國有企業要通過改革創新、強身健體，不
斷增強發展活力和核心競爭力。

　　下大氣力優化民營經濟發展環境。堅持「兩個毫不動搖」，鼓勵、支持、引導非公有制經濟發展。按照競爭中性原則，在要素獲取、准入許可、經營運行、政府採購和招投標等方面，對各類所有制企業平等對待。構建親清新型政商關係，健全政企溝通機制，激發企業家精神，促進民營經濟發展升級。保護產權必須堅定不移，對侵權行為要依法懲處，對錯案冤案要有錯必糾。要努力打造良好營商環境，讓企業家安心搞經營、放心辦企業。

　　深化財稅金融體制改革。加大預算公開改革力度，全面實施預算績效管理。深化中央與地方財政事權和支出責任劃分改革，推進中央與地方收入劃分改革。完善轉移支

［名詞解釋］

競爭中性原則

　　競爭中性原則是20世紀90年代澳大利亞在其《競爭原則協定》、《聯邦競爭中立政策聲明》中明確的概念，即公共部門的商業行為不得因其國家所有權的特殊性而享受私人部門不能享受的競爭優勢，目的在於確保公共企業與私人企業的平等競爭。經濟合作與發展組織對競爭中性原則的含義進一步擴展，指在國企與非國企並存的情況下，確保國有企業與政府之間的聯繫不給國有企業帶來額外的競爭優勢。其內涵包括：企業經營形式、成本確認、商業回報率、公共服務義務、稅收中性、監管中性、債務中性與補貼約束、政府採購等八方面的標準。

　　踐行競爭中性原則與當前國企改革的目標相一致，就是為了使國有企業真正成為自主經營、自負盈虧、自擔風險、自我約束、自我發展的獨立市場主體。通過作為市場主體的公共企業與私人企業之間的平等競爭來確保市場的公平和公正，由此保證價格等一系列市場信號的準確和暢通，最大限度地實現資源的合理配置，進而增強微觀主體的活力。

付制度。健全地方稅體系，穩步推進房地產稅立法。規範
地方政府舉債融資機制。以服務實體經濟為導向，改革優
化金融體系結構，發展民營銀行和社區銀行。改革完善資
本市場基礎制度，促進多層次資本市場健康穩定發展，提
高直接融資特別是股權融資比重。增強保險業風險保障功
能。加強金融風險監測預警和化解處置。我國財政金融體
系總體穩健，可運用的政策工具多，我們有能力守住不發
生系統性風險的底線。

　　（九）推動全方位對外開放，培育國際經濟合作和競
爭新優勢。進一步拓展開放領域、優化開放佈局，繼續推
動商品和要素流動型開放，更加注重規則等制度型開放，
以高水平開放帶動改革全面深化。

　　促進外貿穩中提質。推動出口市場多元化。擴大出口

[延伸閱讀]

直接融資

　　直接融資是指沒有金融中介機構介入的資金融通方式。在這種融資方式下，在一定時期內，資金盈餘單位通過直接與資金需求單位協商，或在金融市場上購買資金需求單位所發行的有價證券，將貨幣資金提供給需求單位使用。商業信用、企業發行股票和債券，以及企業之間、個人之間的直接借貸，均屬於直接融資。直接融資是資金直供方式，與間接金融相比，投融資雙方都有較多的選擇自由。而且，對投資者來說收益較高，對籌資者來說成本卻又比較低。但由於籌資人資信程度很不一樣，造成了債權人承擔的風險程度很不相同，且部分直接金融資金具有不可逆性。直接融資主要包括商業信用、國家信用、消費信用和民間個人信用。

信用保險覆蓋面。改革完善跨境電商等新業態扶持政策。推動服務貿易創新發展，引導加工貿易轉型升級、向中西部轉移，發揮好綜合保稅區作用。優化進口結構，積極擴大進口。辦好第二屆中國國際進口博覽會。加快提升通關便利化水平。

加大吸引外資力度。進一步放寬市場准入，縮減外資准入負面清單，允許更多領域實行外資獨資經營。落實金融等行業改革開放舉措，完善債券市場開放政策。加快與國際通行經貿規則對接，提高政策透明度和執行一致性，營造內外資企業一視同仁、公平競爭的公正市

[延伸閱讀]

海南自貿試驗區

2018年4月13日，習近平總書記在慶祝海南建省辦經濟特區30週年大會上鄭重宣佈，中共中央決定支持海南全島建設自由貿易試驗區。2018年4月14日，中共中央國務院發佈《關於支持海南全面深化改革開放的指導意見》，明確以現有自由貿易試驗區試點內容為主體，結合海南特點，建設中國（海南）自由貿易試驗區，實施範圍為海南島全島。2018年10月16日，國務院批覆同意設立中國（海南）自由貿易試驗區（以下簡稱海南自貿試驗區）並印發《中國（海南）自由貿易試驗區總體方案》。2018年10月29日，2018「一帶一路」媒體合作論壇中國（海南）自由貿易試驗區政策介紹會在海南博鰲召開。

海南自貿試驗區要發揮海南島全島試點的整體優勢，緊緊圍繞建設全面深化改革開放試驗區、國家生態文明試驗區、國際旅遊消費中心和國家重大戰略服務保障區，實行更加積極主動的開放戰略，加快構建開放型經濟新體制，推動形成全面開放新格局，把海南打造成為中國面向太平洋和印度洋的重要對外開放門戶。

場環境。加強外商合法權益保護。賦予自貿試驗區更大改革創新自主權，增設上海自貿試驗區新片區，推進海南自貿試驗區建設、探索建設中國特色自由貿易港。支持國家級經開區、高新區、新區開展自貿試驗區相關改革試點，增強輻射帶動作用，打造改革開放新高地。中國投資環境一定會越來越好，各國企業在華發展機遇一定會越來越多。

[延伸閱讀]

中國特色的自由貿易港

自由貿易港是指設在國家與地區境內、海關管理關卡之外的，允許境外貨物、資金自由進出的港口區。對進出港區的全部或大部分貨物免徵關稅，並且准許在自由港內，開展貨物自由儲存、展覽、拆散、改裝、重新包裝、整理、加工和製造等業務活動。目前排名世界集裝箱港口中轉量第一、第二位的新加坡港、中國香港，均實施自由港政策，吸引了大量集裝箱前去中轉，奠定了其世界集裝箱中心樞紐的地位。

2018年4月13日，中共中央決定支持海南全島建設自由貿易試驗區，支持海南逐步探索、穩步推進中國特色自由貿易港建設，分步驟、分階段建立自由貿易港政策和制度體系。

中國特色的自由貿易港是在借鑑世界成熟自由貿易港發展經驗的基礎上，結合中國自貿試驗區的建設進展，提出的符合新時代中國特色社會主義建設實際的自由貿易港。是中國經濟在高增長向高質量發展轉變時期，推動形成全面開放新格局的重大舉措。中國特色的自由貿易港主要有四個特點：一是中國共產黨對自由貿易港建設實行統一領導。二是適應特定區域發展需求並與國內市場產生輻射聯動。三是體現「離岸」特點的制度創新功能進一步增強。四是自由貿易港建設與「一帶一路」倡議緊密結合。

推動共建「一帶一路」。堅持共商共建共享，遵循市場原則和國際通行規則，發揮企業主體作用，推動基礎設施互聯互通，加強國際產能合作，拓展第三方市場合作。辦好第二屆「一帶一路」國際合作高峰論壇。推動對外投資合作健康有序發展。

首屆「一帶一路」國際合作高峰論壇舉辦

促進貿易和投資自由化便利化。中國堅定維護經濟全球化和自由貿易，積極參與世貿組織改革。加快構建高標準自貿區網絡，推進區域全面經濟夥伴關係協定、中日韓自貿區、中歐投資協定談判，繼續推動中美經貿磋商。中國秉持互利合作、共贏發展，一貫主張通過平等協商解決貿易爭端。我們對作出的承諾認真履行，對自身合法權益堅決維護。

（十）加快發展社會事業，更好保障和改善民生。今年財政收支平衡壓力加大，但基本民生投入確保只增不減。支持社會力量增加非基本公共服務供給，滿足群眾多層次、多樣化需求。

發展更加公平更有質量的教育。深化教育教學改革。推進城鄉義務教育一體化發展，加快改善鄉村學校辦學條件，加強鄉村教師隊伍建設，抓緊解決城鎮學校「大班額」問題，保障進城務工人員隨遷子女教育，發展「互聯

網＋教育」，促進優質資源共享。多渠道擴大學前教育供給，無論是公辦還是民辦幼兒園，只要符合安全標準、收費合理、家長放心，政府都要支持。推進高中階段教育普及，辦好民族教育、特殊教育、繼續教育，依法支持民辦教育發展。持續抓好義務教育教師工資待遇落實。推進一流大學和一流學科建設，支持中西部建設有特色、高水平大學。今年財力雖然很緊張，國家財政性教育經費佔國內生產總值比例繼續保持在 4% 以上，中央財政教育支出安排超過 1 萬億元。我們要切實把寶貴的資金用好，努力辦好人民滿意的教育，托起明天的希望。

　　保障基本醫療衛生服務。繼續提高城鄉居民基本醫保和大病保險保障水平，居民醫保人均財政補助標準增加 30 元，一半用於大病保險。降低並統一大病保險起付線，報銷比例由 50% 提高到 60%，進一步減輕大病患者、困難群眾醫療負擔。加強重大疾病防治。我國受癌症困擾的家庭以千萬計，要實施癌症防治行動，推進預防篩查、早診早治和科研攻關，著力緩解民生的痛點。做好常見慢性病防治，把高血壓、糖尿病等門診用藥納入醫保報銷。加快兒童藥物研發。加強罕見病用藥保障。深化醫保支付方式改革，優化醫保支出結構。抓緊落實和完善跨省異地就醫直接結算政策，盡快使異地就醫患者在所有定點醫院能持卡看病、即時結算，切實便利流動人口和隨遷老人。完

善藥品集中採購和使用機制。深化公立醫院綜合改革。促進社會辦醫。發展「互聯網＋醫療健康」，加快建立遠程醫療服務體系，加強基層醫療衛生機構能力建設和醫護人員培養，提升分級診療和家庭醫生簽約服務質量。堅持預防為主，將新增基本公共衛生服務財政補助經費全部用於村和社區，務必讓基層群眾受益。抓好傳染病、地方病、青少年近視防治。完善生育配套政策，加強婦幼保健服務。支持中醫藥事業傳承創新發展。加強健康教育和健康管理。藥品疫苗攸關生命安全，必須強化全程監管，對違法者要嚴懲不貸，對失職瀆職者要嚴肅查辦，堅決守住人民群眾生命健康的防線。

[延伸閱讀]

家庭醫生

家庭醫生有三個方面特點：一是指對服務對象實行全面的、連續的、有效的、及時的和個性化醫療保健服務和照顧的新型醫生；二是指具有全面系統的預防、保健、醫療、康復知識，具有較強語言表達能力、人際溝通能力、工作協調能力，對工作認真負責，對人們非常熱情的新型醫療顧問和健康管理者；三是以家庭醫療保健服務為主要任務，提供個性化的預防、保健、治療、康復、健康教育服務和指導，使人們足不出戶就能解決日常健康問題和保健需求、得到家庭治療和家庭康復護理等服務。

2018年10月，國家衛生健康委員會發佈《關於規範家庭醫生簽約服務管理的指導意見》，要求全國家庭醫生團隊依法依約為簽約居民提供基礎性和個性化簽約服務，並提出十一項簽約服務內容。

　　完善社會保障制度和政策。推進多層次養老保障體系建設。繼續提高退休人員基本養老金。落實退役軍人待遇保障，完善退役士兵基本養老、基本醫療保險接續政策。適當提高城鄉低保、專項救助等標準，加強困境兒童保障。加大城鎮困難職工脫困力度。提升殘疾預防和康復服務水平。我們要盡力為群眾救急解困、雪中送炭，基本民生的底線要堅決兜牢。

習近平：為時代畫像、為時代立傳、為時代明德

　　豐富人民群眾精神文化生活。培育和踐行社會主義核心價值觀，廣泛開展群眾性精神文明創建活動，大力弘揚奮鬥精神、科學精神、勞模精神、工匠精神，匯聚起向上向善的強大力量。加快構建中國特色哲學社會科學。加強互聯網內容建設。繁榮文藝創作，發展新聞出版、廣播影視和檔案等事業。加強文物保護利用和非物質文化遺產傳承。推動文化事業和文化產業改革發展，提升基層公共文化服務能力。倡導全民閱讀，推進學習型社會建設。深化中外人文交流。廣泛開展全民健身活動。紮實做好 2020 年奧運會、殘奧會備戰工作，精心籌辦北京冬奧會、冬殘奧會，辦好第七屆世界軍人運動會。人民群眾身心健康，社會就充滿活力，國家就繁榮興旺。

王滬寧：推動宣傳思想工作守正創新

加強和創新社會治理。推動社會治理重心向基層下移，推廣促進社會和諧的「楓橋經驗」，構建城鄉社區治理新格局。引導支持社會組織、人道救助、志願服務和慈善事業健康發展。健全社會信用體系。保障婦女、兒童、老人、殘疾人合法權益。改進信訪工作，依法及時解決群眾合理訴求。加強社會心理服務。健全國家應急體系，提高防災減災救災能力。加強安全生產，防範遏制重特大事故。做好地震、氣象、水文、地質、測繪等工作。健全公共法律服務體系，深化普法宣傳教育。加強國家安全能力建設。完善立體化社會治安防控體系，深入推進掃黑除惡

[延伸閱讀]

「楓橋經驗」

20世紀60年代初，浙江省諸暨市楓橋鎮幹部群眾創造了「發動和依靠群眾，堅持矛盾不上交，就地解決。實現捕人少，治安好」的「楓橋經驗」。為此，1963年，毛澤東做出重要批示，「要各地仿效，經過試點，推廣去做」。「楓橋經驗」由此成為全國政法戰線一個膾炙人口的典型。之後，「楓橋經驗」不斷發展，形成了具有鮮明時代特色的「黨政動手，依靠群眾，預防糾紛，化解矛盾，維護穩定，促進發展」的楓橋新經驗，成為新時期把中共的群眾路線堅持好、貫徹好的典範。

2013年，習近平就堅持和發展「楓橋經驗」做出重要指示，強調各級中共黨委和政府要充分認識「楓橋經驗」的重大意義，發揚優良作風，適應時代要求，創新群眾工作方法，善於運用法治思維和法治方式解決涉及群眾切身利益的矛盾和問題，把「楓橋經驗」堅持好、發展好，把中共的群眾路線堅持好、貫徹好。

保障和改善民生 2019

發展更加公平更有質量的教育
- 國家財政性教育經費佔國內生產總值比例繼續保持在4%以上，中央財政教育支出安排超過1萬億元

保障基本醫療衛生服務
- 城鄉居民醫保人均財政補助標準增加30元，一半用於大病保險
- 降低並統一大病保險起付線，報銷比例由50%提高到60%
- 把高血壓、糖尿病等門診用藥納入醫保報銷

完善社會保障制度和政策

豐富人民群眾精神文化生活

加強和創新社會治理

製圖：新華網

專項鬥爭，依法懲治盜搶騙黃賭毒等違法犯罪活動，打擊非法集資、傳銷等經濟犯罪，整治侵犯公民個人信息等突出問題，堅決守護好人民群眾的平安生活。

各位代表！

新的形勢和任務，對政府工作提出了新的更高要求。各級政府要樹牢「四個意識」，堅定「四個自信」，堅決做

兩個維護

1 堅決維護習近平總書記黨中央的核心、全黨的核心地位

2 堅決維護黨中央權威和集中統一領導

製圖：新華網

到「兩個維護」，自覺在思想上政治上行動上同以習近平同志為核心的黨中央保持高度一致，落實全面從嚴治黨要求，勇於自我革命，深入推進簡政放權，加快轉職能、提效能，增強政府公信力和執行力，更好滿足人民對美好生活的新期待。

堅持依法全面履職。深入貫徹全面依法治國基本方略，嚴格遵守憲法法律，把政府活動全面納入法治軌道。各級政府要依法接受同級人大及其常委會的監督，自覺接受人民政協的民主監督，主動接受社會和輿論監督，讓權力在陽光下運行。政府幹的，都應是人民盼的。要堅持科學、民主、依法決策，認真聽取人大代表、政協委員意見，聽取民主黨派、工商聯、無黨派人士和各人民團體意見，聽取社會公眾和企業意見，使各項政策符合基本國情和客觀實際，更接地氣、更合民意。全面推進政務公開。支持工會、共青團、

栗戰書：用完備的法治保障人民權益增進民生福祉

汪洋：完善人民政協制度體系

婦聯等群團組織更好發揮作用。全面落實行政執法責任制和問責制，對一切違法違規的行為都要堅決查處，對一切執法不公正不文明的現象都要堅決整治，對所有行政不作為的人員都要堅決追責。

深入推進黨風廉政建設。紮實開展「不忘初心、牢記使命」主題教育。認真貫徹落實中央八項規定及其實施細則精神，持之以恆糾治「四風」。加強廉潔政府建設，一體推進不敢腐、不能腐、不想腐。強化審計監督。政府工作人員要自覺接受法律監督、監察監督和人民監督。衡量政績最終是看結果。各級政府要堅決反對和整治一切形式主義、官僚主義，讓幹部從文山會海、迎評迎檢、材料報表中解脫出來，把精力用在解決實際問題上。壓減和規範督查檢查考核事項，實施「互聯網＋督查」。減少開會和發文數量，今年國務院及其部門要帶頭大幅精簡會議、堅決把文件壓減三分之一以上。

趙樂際：抓好新修訂黨紀處分條例的學習貫徹

切實強化責任擔當。中國改革發展的巨大成就，是廣大幹部群眾篳路藍縷、千辛萬苦幹出來的。實現「兩個一百年」奮鬥目標，成就中國人民的幸福與追求，還得長期不懈地幹。為政以公，行勝於言。各級政府及其工作人員要求真務實、力戒浮華，以推動改革發展的成果說話，

以幹事創業的實績交卷。健全激勵約束機制和盡職免責機制，營造幹部願幹事、敢幹事、能幹成事的環境。更好發揮中央和地方兩個積極性，尊重基層和群眾首創精神，為地方大膽探索提供激勵、留足空間。廣大幹部要樹立強烈的事業心和進取心，事不避難、義不逃責，埋頭苦幹、結合實際創造性地幹，努力幹出無愧於人民的新業績，幹出中國發展的新輝煌。

各位代表！

我們要堅持和完善民族區域自治制度，全面貫徹黨的民族政策，深化民族團結進步教育，鑄牢中華民族共同體意識，促進各民族和睦相處、和衷共濟、和諧發展。加大對民族地區和人口較少民族發展的支持，深入實施興邊富民行動，同心協力建設 56 個民族共同團結奮鬥、共同繁榮發展的美好家園。

我們要全面貫徹黨的宗教工作基本方針，堅持我國宗教的中國化方向，依法管理宗教事務，發揮宗教界人士和信教群眾在促進經濟社會發展中的積極作用。

我們要認真落實僑務政策，保障海外僑胞和歸僑僑眷合法權益，改善和加強服務，發揮好他們的獨特優勢和重要作用，畫好海內外中華兒女的最大同心圓，匯聚起共創輝煌的澎湃力量。

各位代表！

過去一年，國防和軍隊建設紮實推進，強軍事業展現許多新氣象新作為。新的一年，要繼續以黨在新時代的強軍目標為引領，牢固確立習近平強軍思想在國防和軍隊建設中的指導地位，深入推進政治建軍、改革強軍、科技興軍、依法治軍。堅持黨對軍隊絕對領導的根本原則和制度，全面深入貫徹軍委主席負責制。貫徹新時代軍事戰略方針，提高實戰化軍事訓練水平，堅決維護國家主權、安全、發展利益。繼續深化國防和軍隊改革，建立健全中國特色社會主義軍事政策制度體系。加強和完善國防教育、

習近平：在新的起點上做好軍事鬥爭準備工作

國防動員體系建設，增強全民國防意識。深入實施軍民融合發展戰略，加快國防科技創新步伐。各級政府要大力關心支持國防和軍隊建設，深入開展「雙擁」活動，讓軍政軍民團結之樹根深葉茂、永保常青。

各位代表！

我們要繼續全面準確貫徹「一國兩制」、「港人治港」、「澳人治澳」、高度自治的方針，嚴格依照憲法和基本法辦事。全力支持香港、澳門特別行政區政府和行政長官依法施政。支持港澳抓住共建「一帶一路」和粵港澳大灣區建設的重大機

習近平：統一是歷史大勢，是正道

遇，更好發揮自身優勢，全面深化與內地互利合作。我們堅信，香港、澳門一定能與祖國內地同發展共進步、一定能保持長期繁榮穩定。

我們要堅持對台工作大政方針。全面貫徹落實習近平總書記在《告台灣同胞書》發表 40 週年紀念會上的重要講話精神，堅持一個中國原則和「九二共識」，推動兩岸關係和平發展、推進祖國和平統一進程。堅決反對和遏制「台獨」分裂圖謀和行徑，堅決維護國家主權和領土完整。深化兩岸融合發展，持續擴大兩岸經濟文化交流合作。兩岸同胞同根相繫、同命相連，應攜手共創共享全體中國人的美好未來。

各位代表！

當今世界面臨百年未有之大變局。我們將堅定不移走和平發展道路、奉行互利共贏的開放戰略，堅定維護多邊主義和以聯合國為核心的國際體系。積極參與全球治理體系的改革完善，堅定維護開放型世界經濟，推動構建人類命運共同體。加強與主要大國溝通對話與協調合作，深化同周邊國家關係，拓展與發展中國家互利合作。積極為妥善應對全球性挑戰和解決地區熱點問題提供更多中國建設性方案。中國願與各國攜手合作、同舟共濟，為促進世界持久和平與共同發展作出新的貢獻。

全息交互看
報告

一圖讀懂
2019《政府工
作報告》

各位代表！

奮鬥創造歷史，實幹成就未來。我們要更加緊密地團結在以習近平同志為核心的黨中央周圍，高舉中國特色社會主義偉大旗幟，以習近平新時代中國特色社會主義思想為指導，迎難而上，開拓進取，以經濟社會發展的優異成績迎接中華人民共和國成立 70 週年，為決勝全面建成小康社會、奪取新時代中國特色社會主義偉大勝利，為把我國建設成為富強民主文明和諧美麗的社會主義現代化強國、實現中華民族偉大復興的中國夢不懈奮鬥！

李克強政府工
作報告完整
視頻

李克強答中外
記者問完整
視頻

附錄

《報告》框架

（一）基本結構

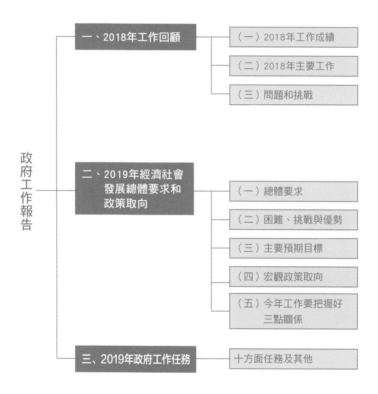

政府工作報告

一、2018年工作回顧
- （一）2018年工作成績
- （二）2018年主要工作
- （三）問題和挑戰

二、2019年經濟社會發展總體要求和政策取向
- （一）總體要求
- （二）困難、挑戰與優勢
- （三）主要預期目標
- （四）宏觀政策取向
- （五）今年工作要把握好三點關係

三、2019年政府工作任務
- 十方面任務及其他

（二）內容總目

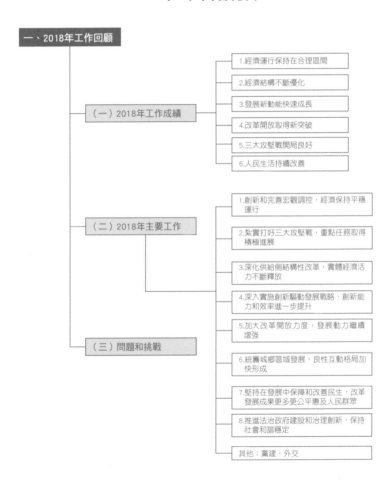

一、2018年工作回顧

（一）2018年工作成績
- 1.經濟運行保持在合理區間
- 2.經濟結構不斷優化
- 3.發展新動能快速成長
- 4.改革開放取得新突破
- 5.三大攻堅戰開局良好
- 6.人民生活持續改善

（二）2018年主要工作
- 1.創新和完善宏觀調控，經濟保持平穩運行
- 2.紮實打好三大攻堅戰，重點任務取得積極進展
- 3.深化供給側結構性改革，實體經濟活力不斷釋放
- 4.深入實施創新驅動發展戰略，創新能力和效率進一步提升
- 5.加大改革開放力度，發展動力繼續增強
- 6.統籌城鄉區域發展，良性互動格局加快形成
- 7.堅持在發展中保障和改善民生，改革發展成果更多更公平惠及人民群眾
- 8.推進法治政府建設和治理創新，保持社會和諧穩定
- 其他：黨建、外交

（三）問題和挑戰

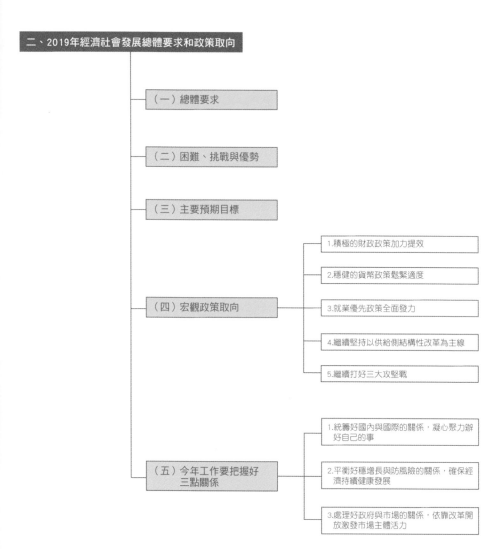

二、2019年經濟社會發展總體要求和政策取向

（一）總體要求

（二）困難、挑戰與優勢

（三）主要預期目標

（四）宏觀政策取向
1.積極的財政政策加力提效
2.穩健的貨幣政策鬆緊適度
3.就業優先政策全面發力
4.繼續堅持以供給側結構性改革為主線
5.繼續打好三大攻堅戰

（五）今年工作要把握好三點關係
1.統籌好國內與國際的關係，凝心聚力辦好自己的事
2.平衡好穩增長與防風險的關係，確保經濟持續健康發展
3.處理好政府與市場的關係，依靠改革開放激發市場主體活力

三、2019年政府工作任務

- （一）繼續創新和完善宏觀調控，確保經濟運行在合理區間

- （二）激發市場主體活力，著力優化營商環境

- （三）堅持創新引領發展，培育壯大新動能

- （四）促進形成強大國內市場，持續釋放內需潛力

- （五）對標全面建成小康社會任務，紮實推進脫貧攻堅和鄉村振興

- （六）促進區域協調發展，提高新型城鎮化質量

- （七）加強污染防治和生態建設，大力推動綠色發展

- （八）深化重點領域改革，加快完善市場機制

- （九）推動全方位對外開放，培育國際經濟合作和競爭新優勢

- （十）加快發展社會事業，更好保障和改善民生

- 其他：政府自身建設，民族、宗教、僑務，國防，港澳台，外交

視頻索引

國家圖書館出版品預行編目（CIP）資料

圖解 2019 中國「政府工作報告」 ／李克強 等
作 . -- 第一版 . -- 臺北市：風格司藝術創作坊，
2019.04
　面； 公分
ISBN 978-957-8697-45-4(平裝)

1. 公共行政 2. 施政報告 3. 中國

575.2　　　　　　　　　　108005688

圖解2019中國「政府工作報告」

作　　　者／李克強 等
編　　　輯／苗龍
出　　　版／風格司藝術創作坊
　　　　　　10671台北市大安區安居街 118 巷 17 號
　　　　　　Tel：（02）8732-0530　Fax：（02）8732-0531
　　　　　　http://www.clio.com.tw
總 經 銷／紅螞蟻圖書有限公司
　　　　　　地址：11494台北市內湖區舊宗路二段121巷19號
　　　　　　Tel：（02）2795-3656　Fax：（02）2795-4100
　　　　　　http://www.e-redant.com
出版日期／2019 年 5 月　第一版第一刷
訂　　　價／280 元